LE MONDE EST UN ENFANT QUI JOUE

DU MÊME AUTEUR

LE COMMUNISME, coll. « Que sais-je ? », P.U.F., 2001.

J'AI VU FINIR LE MONDE ANCIEN, Grasset, 2002.

AU FIL DES JOURS CRUELS : 1992-2002, *chroniques*, Grasset, 2003.

L'ODYSSÉE AMÉRICAINE, Grasset, 2004.

RENDEZ-VOUS AVEC L'ISLAM, Grasset, 2005.

SOCIÉTÉS SECRÈTES, de Léonard de Vinci à Rennes-le-Château, Grasset, 2007.

ALEXANDRE ADLER

LE MONDE EST UN ENFANT QUI JOUE

BERNARD GRASSET
PARIS

REMERCIEMENTS

Ce livre n'aurait pas vu le jour sans l'insistance de Muriel Beyer, les encouragements et la confiance qu'elle m'a apportés. Qu'elle trouve ici le témoignage de ma gratitude. Je ne peux remercier tous ceux qui m'ont permis de partager leur culture et leur intelligence de la situation présente. Ils ne seront pas forcément convaincus de mes démonstrations ni d'accord avec mes interprétations, mais sans eux, je ne me serais jamais élevé au-dessus des habituelles platitudes qui ont envahi le traitement de ce sujet capital pour notre avenir.

Je voudrais néanmoins remercier tout particulièrement Richard Perle (Etats-Unis), Naël Assaad (Liban et Grande-Bretagne), l'ambassadeur Daghestani (Jordanie), le cheikh Tajjer (Dubaï), Mehmet Ali Bayar et Pars Kutaï (Turquie), Bhrama Chellaney (Inde), Ella Afek et Shlomo Ben Ami (Israël), et les très nombreux amis iraniens qui, je l'espère, pourront figurer en leurs noms propres, dans les prochaines éditions de cet ouvrage.

Paris, printemps 2009

ISBN 978-2-246-75411-4

à Elie Chetrit,
pour tout ce qu'il m'a fait connaître

La fin du califat de papier et de cassettes vidéo

Sept ans après l'explosion sans précédent du 11 septembre 2001, huit ans après l'Intifada des mosquées qui marquait la fin de dix années de trêve israélo-palestinienne, les nuées et les flammes se dissipent assez pour nous permettre de revenir sur le processus qui s'est alors engagé. Je me suis moi-même exercé, en quatre essais successifs, à baliser les avenues qui peuvent mener à une meilleure compréhension de cette terrible époque.

Le premier, écrit et pensé à chaud, pendant l'automne 2001 *(J'ai vu finir le monde ancien)*, s'efforçait de décrire le champ de bataille et se concentrait sur l'acteur apparemment essentiel, l'intégrisme islamique radical incarné par le mouvement al-Qaïda d'Oussama Ben Laden. Le deuxième *(L'odyssée américaine)* braquait le projecteur sur l'Amérique, ballottée sur les flots de la grande tempête moyen-orientale, à la recherche fiévreuse et inaboutie d'une politique nationale post-hégémonique. Avec mon troisième essai *(Rendez-vous avec l'islam)*, je m'efforçais de tracer deux lignes de force, de nature à bouleverser la structure de l'actuel Moyen-Orient : le processus démocratique en Turquie, et l'émancipation progressive de l'Iran de la dictature théocratique intégriste.

Le présent essai s'inscrit dans la droite ligne des précédents, en cherchant une fois encore à élucider ce que nous ignorons de cette vaste bataille, où toute la planète se trouve à présent investie à son corps défendant. Mais il diffère aussi des précédents par le fait que nos investigations, journalistiques, officielles, érudites, ont depuis lors considérablement progressé, nous permettant de combler certains vides de l'analyse, tandis que de nouveaux protagonistes tels que le chiisme, le Liban indépendantiste, le Pakistan en pleine crise d'identité, faisaient irruption dans le champ du conflit, nous contraignant à recalculer certaines matrices du modèle. Une meilleure connaissance des éléments s'équilibre avec une complexification certaine des agrégats. Ainsi, nous savons beaucoup de choses sur les hommes et les idées d'al-Qaïda, mais nous ignorons ce que l'irruption de l'Iran dans le conflit signifiera, en fin de compte. De nombreux autres exemples sont possibles. L'heure d'un nouveau bilan avait donc sonné. Mais pour mener ce bilan à bien, il était également indispensable d'inventer à chaud une méthodologie nouvelle. Non plus, comme dans les précédentes tentatives, partir de ce que l'on ne sait pas (qui est Oussama Ben Laden, par exemple) et s'efforcer de répondre aux questions, telles que la succession des événements nous contraint à nous les poser, mais ici démarrer à l'envers, des certitudes dont nous disposons dès maintenant, et construire à partir d'elles quelques questions nouvelles (l'intégrisme islamique peut-il s'unifier, par exemple).

Dans un article déjà ancien, Michel Serres a décrit ce modèle de pensée stratégique. Il y montre qu'il existe des représentations de la temporalité où l'incertitude du futur peut aller en diminuant progressivement. Aux échecs par exemple, on passe de l'indétermination absolue du début (que sera l'islamisme après la chute de l'Union soviétique ?) à la surdétermination relative des milieux de partie, où les combinaisons possibles sont excessivement nombreuses, mais déjà bien plus lisibles, l'intuition moins indispensable, pour aboutir aux fins de partie dans lesquelles la « surdétermination » des événements est déjà telle qu'on peut discerner un dénouement : mat en trois ou quatre coups, par exemple (le Moyen-Orient après le grand tournant de l'Etat iranien si celui-ci a bien lieu, comme nous le pensons). C'est à cet exercice de construction que nous allons donc nous prêter, tout autant pour clarifier nos pensées que pour l'édification du lecteur que nous confronterons à beaucoup de faits, de temps à autre allégés par le libre jeu des hypothèses.

Commençons d'emblée par la question fondamentale : Que nous est-il arrivé avec le monde de l'Islam ? L'Occident a-t-il péché ? L'Occident a-t-il encouragé les déchaînements de violence qui se sont mis en marche à partir de l'an 2000 ? Pour répondre à ces questions, l'historien apprécie tout particulièrement les approches chronologiques. Cette méthode ne répond pas à toutes les questions, mais elle les éclaire.

Avant l'intégrisme, de 1950 à 1956, s'élève surtout en Egypte, en Iran et au Maghreb un mouvement puissant contre la colonisation directe par les Européens ou ce qu'il en restait encore. Très vite, le mouvement est victorieux : le canal de Suez est rendu à l'Egypte sans conditions, le pétrole iranien demeure entre les mains de Téhéran, même si le champion de cette grande cause, Mohammed Mossadegh, doit y sacrifier sa propre ambition politique au bénéfice du Chah, Maroc et Tunisie recouvrent leur indépendance, tandis que l'Algérie, pour commencer, jette à bas la IVe République française, avant d'accéder en 1962 à une indépendance presque totale [1] et d'expulser la grande majorité de ses populations européenne et juive, ainsi que les quelques dizaines de milliers de harkis ayant pu, malgré la mauvaise volonté des autorités françaises de l'époque, échapper au massacre.

Les années suivantes seront le véritable triom-

1. La France conserva jusqu'en 1965 la base de Reggane pour ses expérimentations nucléaires.

phe du nassérisme qui inspire le FLN en Algérie dès 1955, ainsi que Ben Barka et la gauche marocaine, la révolution irakienne de 1958, une tentative de fusion de l'Egypte avec la Syrie en 1960, l'explosion de la société traditionnelle yéménite en 1962, et même, au-delà des frontières arabes proprement dites, le coup d'Etat contre le démocrate Adnan Menderes en Turquie en 1960, ourdi par la conjonction d'une armée kémaliste, d'une extrême droite nationaliste antioccidentale et d'une gauche communisante prosoviétique. Pour finir, la « révolution blanche » du Chah en Iran, esquisse de réforme agraire radicale sous la forme d'une déclaration de guerre en bonne et due forme à la hiérarchie religieuse chiite.

Jusque-là, le problème de l'existence d'Israël agaçait considérablement, surtout les Etats du Machrek arabe (l'Orient), mais personne, pas même en Egypte, ne le tenait pour central sur le plan stratégique. Mieux, les nouveaux régimes nationalistes et laïcisants prenaient bien soin de distinguer les vieilles puissances coloniales, Angleterre et France, réputées réactionnaires et alliées d'Israël, dont elles étaient en fait alors le seul rempart, et les Etats-Unis, foncièrement bienveillants, bien que maladroits, qu'il fallait toujours ménager, tout en les mettant systématiquement en concurrence avec l'Union soviétique. A partir de l'indépendance de l'Algérie qui clôt le processus de décolonisation proprement dit –

exception faite d'Aden britannique et du Golfe persique –, explose aussi cette belle unité progressiste de l'Islam qui avait pu dériver lentement vers une certaine détente avec l'Occident, que souhaitait même Nasser initialement, pour ne pas parler de Mohammed V, de Bourguiba, du Chah d'Iran ou des militaires turcs.

Après 1960, poussé par Moscou, mais aussi confronté aux effets économiques délétères de son étatisme brouillon, Nasser s'engage dans une fuite en avant de plus en plus déstabilisante. Celle-ci trouve vite un relais dans l'Algérie révolutionnaire, l'Irak et la Syrie baasistes, malgré leurs divisions, et aussi chez les dissidents saoudiens, présents en assez grand nombre jusque dans les rangs de la famille royale. En face, les nouveaux conservateurs cherchent à se protéger de la vague nationaliste en concluant des alliances discrètes avec les anciens colonisateurs, et même parfois, dans les cas du Maroc et de l'Iran, avec Israël. Bientôt, malgré beaucoup de réticences initiales, les Etats-Unis rompent à contrecœur avec l'Egypte nassérienne et ses alliés algérien, irakien et syrien, pour affirmer leur soutien inconditionnel à la monarchie saoudienne, menacée alors, et finissent même par se rapprocher de plus en plus clairement d'Israël, à mesure que s'accroissent leurs malheurs au Vietnam.

Au lendemain de la guerre des Six Jours en 1967 et de la conférence de Khartoum en 1968 qui proclame l'alliance stratégique des Arabes et de Moscou, l'ensemble du monde classique de l'Islam aura ainsi été happé, capturé par le fleuve puissant de la guerre froide. Les deux camps actifs et discernables de celle-ci en Europe et en Asie ont trouvé à se reproduire au Moyen-Orient, vingt ans après le déclenchement effectif du conflit à Berlin et en Corée.

D'un côté l'Egypte, le Soudan, rejoints pour un temps par la nouvelle Libye de Kadhafi, l'Algérie stalino-islamiste de Boumediene, la Syrie et l'Irak, une grosse moitié du Yémen et les mouvements palestiniens. De l'autre le Maroc, la Tunisie, le Liban christiano-saoudien, la Jordanie, l'Arabie Saoudite et les nouvelles monarchies pétrolières post-britanniques qui lui sont associées, ainsi que la Turquie et l'Iran. Israël est admis dans le second camp avec quelques réserves, extrêmes chez les Saoudiens, de pure forme au Maroc et en Iran. Mais attention, cette photographie de 1970 n'est pas le film complet.

Si, pour répondre aux objurgations de Tito, Brejnev s'est résolu en 1967 à rompre les relations diplomatiques avec Israël, et si Moscou, notamment pour complaire à ses nouveaux alliés arabes, commence une politique d'intimidation et de discrimination de sa puissante et nombreuse communauté juive, la direction soviétique ne va pas tarder à se rendre compte du prix réel d'une telle politique d'agressivité, bientôt ressentie au cœur de la société soviétique. A l'extérieur, la rapide dégradation des sympathies résiduelles dont jouissait encore Moscou chez les juifs de par le monde, et notamment aux Etats-Unis. A l'intérieur, de manière moins visible, mais plus profonde, la démoralisation des juifs russes qui retirent progressivement tout soutien au régime en insufflant leur énergie à toutes les formes d'opposition. Ceci est vrai de la dissidence la plus radicale jusqu'à la fronde feutrée des élites libérales du parti, du gouvernement, et même du KGB, toutes critiques de l'antisémitisme officieux. Dès 1970-71, Moscou alterne soutien apparemment inconditionnel à la « révolution arabe » et prudences diverses qui détendent peu à peu le ressort stratégique militaire de l'alliance.

A la vérité, le refus de Moscou en 1967 de bombarder la centrale nucléaire israélienne de Dimona avait fêlé la grande alliance dès son point de départ. La cohésion du mouvement est également mise à mal par l'impossibilité de reproduire cette même alliance, Moscou-Le Caire, sur le terrain, entre communistes et nationalistes : depuis le Maroc de Hassan II jusqu'au lointain Afghanistan, les marxistes apparaissent partout comme des occidentalistes prudents et orientés vers une certaine démocratie dont ne veulent pas les nationalistes intégristes, lesquels, entre les deux guerres contre Israël en 1967 et en 1973, ne cessent de les réprimer, et trouvent sur leur droite des forces d'inspiration islamique pour les y aider, au grand embarras de Moscou. C'est à cette époque que Saddam Hussein, alors chef politique des services secrets du Baas irakien, fait assassiner de nombreux cadres communistes en Irak, tandis qu'en Algérie, sous Boumediene, l'Union des étudiants (UNEA), de tendance communiste, est dissoute et le futur leader islamiste Abbasi Madani, chargé de la reprise en main de l'université d'Alger. La fin de ce cycle, en 1978, ce sera l'assassinat du grand militant internationaliste juif égyptien Henri Curiel par les services spéciaux de Saddam Hussein.

A partir de 1974, cette brève rencontre de l'Islam et de Moscou, mais jamais de l'Islam et du communisme (sauf sans doute au petit Yémen du Sud) vole en éclats. Etant parvenu à rétablir son honneur militaire face à Israël, Sadate n'a plus besoin du soutien stratégique soviétique, dont il bénéficie encore largement en 1973 pour traverser le canal de Suez. Mais il n'est pas le seul dans ce cas : l'Algérie qui rêve de devenir la puissance régionale dominante au Maghreb et de saigner à blanc l'Etat marocain au Sahara, la Libye paranoïaque de Kadhafi, l'Arabie Saoudite dans le camp d'en face, qui entend chasser les Soviétiques du Moyen-Orient, l'Irak qui veut affaiblir ses rivaux au sein du mouvement baasiste, et surtout l'Iran du Chah qui se rêve en grande puissance mondiale, tous révisent à la hausse leurs ambitions géopolitiques au lendemain du premier choc pétrolier de 1973 qui quintuple pour un temps leur force de frappe financière.

Désormais, l'alliance soviétique cesse d'être un facteur fondamental de la stratégie de l'Islam et du monde arabe en particulier.

C'est dans ce contexte, confus et effervescent, que naît le monde actuel – d'un double mouvement de l'Islam, auquel nous sommes aujourd'hui encore confrontés.

D'une part, un sentiment de richesse qui conduit à la conception d'une puissance quasi illimitée à un horizon proche. Le pétrole laverait ainsi l'honneur des musulmans et abattrait en leur sein tous ceux qui se sont soumis aux Occidentaux par manque de foi dans les ressources de la providence divine. C'est l'époque du Polisario, des marches et des contre-marches antifrançaises de Kadhafi au Tchad et de son agression contre la Tunisie à Gafsa en 1979, du jeu d'abord combiné, puis opposé, de la Syrie d'Hafez Assad et de l'OLP de Yasser Arafat au Liban, dont ils attisent l'implosion, et aussi du programme nucléaire irakien, rendu possible par la politique française de prolifération en sa faveur. C'est le temps du rapprochement discret mais efficace, notamment au Liban, de la Syrie et de l'Arabie Saoudite aux fins d'endiguer ensemble l'expansion d'un Irak déjà grande puissance pétrolière. Cette période dure environ cinq ans : de la guerre de 1973 aux débuts de la révolution iranienne de 1978, avec une focalisation sur l'éclatement du Liban. Mais cette agressivité permanente entretenue d'abord par des Etats que la rente pétrolière a distraits de toute circonspection militaire, produit dans le même temps une profonde colère contre ces mêmes Etats, insuffisants tant dans la redistribution équitable de la nouvelle richesse que dans la mise en œuvre d'investissements modernisateurs. Paradoxalement, c'est ainsi que cette modernité manquée va engendrer la plus puissante révolution conservatrice de l'histoire récente.

C'est ainsi que se produit le big bang du nouveau Moyen-Orient, de 1977 à 1980 environ. Là, en effet, l'islamisme prend son envol, tout à la fois des nostalgies du mouvement unitaire qu'avait suscité Nasser, du rejet de la modernisation autoritaire inspirée le plus souvent, même en Iran, du modèle planificateur soviétique, et aussi du second choc pétrolier consécutif à la révolution de Khomeyni, en 1979-80. Toutefois, ce premier élan islamiste se brise sur l'irréductibilité chiite de l'Iran, et, après le déclenchement de la guerre d'Afghanistan ainsi que l'agression de Saddam Hussein contre Téhéran en 1980, connaît une éclipse, sur une toile de fond de division profonde du camp de l'Islam. Avec l'ultime soubresaut de la guerre froide, on sera même conduit à un retour de polarisation soviéto-américaine, où les sunnites, même fondamentalistes, s'allient à Washington et tolèrent le laïcisme tempéré de Saddam, tandis que les chiites, même fondamentalistes, estiment nécessaire d'apaiser leurs relations avec le « Petit Satan » soviétique.

Le grand tournant de toute la politique du monde de l'Islam s'opère, comme sur le reste du globe, à partir de 1985, et plus précisément encore, entre 1988, l'évacuation soviétique de l'Afghanistan, et 1991, la défaite de Saddam Hussein à Koweït, qui entraîne le ralliement d'Arafat au processus d'Oslo.

Khomeyni meurt en 1989 et son successeur, Rafsandjani, entraîne très prudemment l'Iran vers une normalisation de ses relations avec le monde. Saddam Hussein devient, à partir de 1991, un assiégé permanent sur son territoire irakien, réduit par l'insurrection kurde et les interdictions aériennes des Etats-Unis. Avec lui, le dernier bastion du nationalisme révolutionnaire arabe s'effondre peu à peu, entraînant Arafat vers un armistice peu glorieux avec Israël. La guerre civile algérienne commence elle aussi en 1991, laquelle fait basculer les élites maghrébines vers une alliance de plus en plus claire avec l'Europe. L'Arabie Saoudite a désormais besoin d'une tutelle militaire directe des Etats-Unis, qui limite très vite sa liberté d'action diplomatique, dans une période de basses eaux extrêmes du marché des hydrocarbures. Ailleurs dans le monde, c'est l'implosion totale de l'empire soviétique et l'isolement de la Chine consécutif au massacre de Tien An Men, l'unification monétaire de l'Europe, la suprématie indiscutée de l'Amérique.

Dans ce climat de débâcle, on constate le déclenchement de conflits où diverses ethnies musulmanes sont amenées à prendre les armes contre leurs voisins chrétiens ou contre leurs « oppresseurs » musulmans : Bosniaques assiégés par les Serbes, Tchétchènes et Albanais du Kosovo en lutte pour leur indépendance, Somaliens confrontés à la montée de la puissance militaire éthiopienne ainsi qu'aux interventions « humanitaires » de la communauté internationale, Cachemiris en lutte avec l'Inde. Ces nouveaux arrivants du jihad reçoivent le soutien enthousiaste de ceux qui luttent déjà, au sein du « Dar es-Salaam » du monde de l'islam : contre le régime laïque algérien, le FIS d'Abassi Madani et Ali Benhadj, contre l'invasion touristique de l'Egypte de Moubarak, les dissidents des Frères musulmans des Gamaa Islamiya, contre la trahison d'Oslo commise par l'OLP, le Hamas, contre le lâche abandon de la monarchie saoudienne à la protection militaire américaine, Oussama Ben Laden, ou encore contre les compromis sans principe des modérés afghans d'Ahmed Shah Massoud, les futurs talibans.

Dès lors, un regroupement s'opère parmi les différents acteurs du monde islamiste. Le nouvel ordre mondial issu de l'effondrement du communisme commence à être remis en cause, dans sa totalité, par un islamisme renaissant, et capable enfin, du fait de l'extinction des nationalismes locaux, de se penser à l'échelle du monde et contre son organisation présente. Al-Qaïda, « la base sûre », première plate-forme du jihad mondial, s'érige en fraternité fédératrice sur le modèle bolchevik du Komintern : elle dépêche des volontaires à Sarajevo, qui terrorisent les musulmans slaves, fournit des instructeurs, dont Ben Laden lui-même, et du matériel en Somalie, envoie des agents au Kosovo dans le vain espoir d'y ouvrir une base au flanc de l'Europe et de la Turquie; elle fait jonction avec les chefs tchétchènes et finit par les convaincre d'instaurer la Charia. Elle constitue des réseaux en Algérie, au sein du FIS, en Egypte en ralliant la Gamaa Islamiya de Zawahiri, au Soudan en défendant le cheikh Tourabi, l'inspirateur du régime islamiste, contre ses adversaires au gouvernement, et au Yémen enfin en y noyautant le grand mouvement sunnite Islah, inspiré par le cheikh Zindani.

A un niveau diplomatique, les jihadistes entretiennent des rapports plus substantiels qu'on ne l'imagine à l'époque avec les fondamentalistes indonésiens et leurs alliés aux Philippines, avec les militaires pakistanais les plus frustrés par l'alliance américaine et leurs relais, en Inde et en Afghanistan. Bientôt la victoire des progressistes iraniens aux élections libres de 1997 va mettre en panne toute l'idéologie et la pratique islamiste du régime iranien. Cette crise post-Khomeyni va apporter à al-Qaïda de nouveaux alliés potentiels, venus du cœur de l'islamisme chiite. Dès lors, la cristallisation de la stratégie d'al-Qaïda s'est opérée pour de bon.

Nous pouvons, de ce bref tableau historique, établir à présent les véritables « équations de champ » du 11 septembre.

D'abord la *centralité de l'adversaire américain.* Certes, parce qu'il parvient à assurer, en dernier recours, la sécurité d'Israël et que les élites juives jouent, à l'intérieur des Etats-Unis, un rôle croissant (sous Clinton, une ministre des Affaires étrangères, un ministre de la Défense, deux directeurs consécutifs de la CIA, un ministre des Finances et le chef de la Banque centrale), mais qu'il peut en même temps se soumettre, grâce à une approche politique pragmatique et équitable, les élites du Maghreb, de l'Egypte, du Pakistan, et de plus en plus de l'Arabie Saoudite, sans les brusquer exagérément. Plus grave encore aux yeux des jihadistes, la politique ambiguë et habile des Etats-Unis est parvenue, sous Clinton, à séduire les Bosniaques et les Albanais, à embobiner les Yéménites et les dirigeants palestiniens, bref à rentrer en grâce à peu de frais dans le monde de l'islam. Ainsi les Américains sont-ils parvenus en douceur au Soudan à marginaliser Tourabi et à imposer peu à peu au régime de Khartoum une partition de facto du pays, puis, à la faveur de la crise asiatique de 1998, à renverser en Indonésie un Suharto ruiné qui avait, dans ses dernières années de règne, confié un pouvoir croissant à l'association des intellectuels musulmans (ICMI) de tendance islamiste. Juste avant, c'est la première expérience de gouvernement islamique en Turquie en 1997, celui de Necmettin Erbakan, qui était interrompue par un coup d'Etat légal et parlementaire auquel Washington avait donné son feu vert, sans pour autant rompre avec l'aile modérée de l'islamisme turc. Gardons ce point en mémoire : c'est parce que la diplomatie américaine a réussi de profondes avancées en terre d'islam tout au long des années 1990, qu'il faut prioritairement l'abattre, en obligeant Washington à « déclarer la guerre à l'Islam », en lui imposant une sorte de Pearl Harbor qu'il ne pourra pas éluder, et le faire apparaître sous son vrai visage islamophobe.

La deuxième équation porte sur *les jihads déjà existants*. Partout où ils existent, le rôle d'al-Qaïda sera de les entretenir et de les radicaliser. Il faut ainsi couper toute retraite aux jihadistes locaux, afin d'éviter les récupérations opérées sur le modèle des services algériens avec l'AIS en 1997, de la CIA avec l'UCK kosovare après 1999, ou même de la Libye dans son ensemble vers l'an 2000, cooptée in toto par l'Occident. De là découlent les radicalisations imposées par al-Qaïda à ses nouvelles ouailles : les Tchétchènes, qui isolent Maskhadov au profit de Bassaïev, le plus sanguinaire des insurgés, le déclenchement du jihad en Cyrénaïque qui interdit à Kadhafi tout double jeu avec l'Occident, les assassinats d'indépendantistes modérés au Cachemire qui éloignent la négociation avec l'Inde, les massacres en masse de chrétiens aux Moluques qui rendent impossible pour les islamistes toute cooptation par le pouvoir militaire encore laïque en Indonésie, et surtout la radicalisation incessante des talibans, au pouvoir désormais à Kaboul. Là aussi sera interdit tout compromis, par exemple toute partition de l'Afghanistan entre Massoud et son Alliance du Nord d'une part, l'armée pakistanaise de l'autre. Ce noyau incandescent de radicalité ne permet plus à des islamistes modérés, à l'égyptienne, pour ne pas parler du cas turc de démocratisation parlementaire occidentaliste, de s'interposer en faisant prévaloir des solutions de compromis, qui interrompraient par là même la dynamique jihadiste.

Troisième équation : tout en radicalisant sa base pour couper la route à toute trêve, al-Qaïda pratique aussi, plus discrètement, *une politique beaucoup plus bienveillante de dialogue envers les élites de l'Islam*, visant à trouver des relais de haut niveau, et des compagnons de route en vue d'une phase ultérieure de l'offensive. Ici, le sectarisme se fait tacticien, mais sans jamais céder au renoncement. Al-Qaïda aimait bien Tourabi et sa politique sectaire et sanglante au Soudan. Qu'importe, elle continue à soutenir le général Omar Bechir, son rival à partir de 1998, et organise au profit des services secrets soudanais les attentats contre les ambassades américaines à Nairobi et à Dar es-Salaam, aux fins d'intimider Kenyans et Tanzaniens. Al-Qaïda n'aime ni les généraux pakistanais, trop anglo-saxons dans leur conception du monde, ni même le « Dr No d'Islamabad », Abdul Qadir Khan, avec sa femme hollandaise et son laïcisme à fleur de peau. Qu'importe, al-Qaïda les flattera, comme elle le fait toujours, malgré les apparences, avec la famille royale saoudienne, en empêchant efficacement tout jihad proprement dit en Arabie Saoudite, où les seules cibles demeurent les techniciens occidentaux. Al-Qaïda n'appréciait pas les défunts Saddam Hussein et Yasser Arafat. Qu'importe, elle les aidera du mieux qu'elle pourra dans leur lutte contre Israël et les Etats-Unis, et cherchera même à les marier aux généraux pakistanais. Quant aux intégristes, de plus en plus sur la défensive en Iran, al-Qaïda surmontera, grâce à l'Egyptien Ayman Zawahiri, ses profondes réticences vis-à-vis du chiisme, pour proposer à ceux-ci un front commun, qu'incarne déjà l'alliance du Hamas palestinien et du Hezbollah libanais, l'asile politique dont bénéficie depuis la fin de 2001 une partie de l'organisation en Iran, et, si possible, la reprise d'une aide technologique du Pakistan au programme nucléaire iranien en échange d'une dénonciation par Téhéran de ses rapports avec l'Inde et d'une cessation de sa collusion avec les Américains en Irak. La nouvelle attaque de 2006 contre le parlement indien à Delhi semble ainsi avoir été menée et exécutée sur contrat de proches d'al-Qaïda au profit de l'Iran, après que l'Inde – que Téhéran tenait pour une alliée – eut voté à l'ONU en faveur du premier train de sanctions contre son programme nucléaire...

Ainsi, la stratégie d'al-Qaïda domine-t-elle toujours la totalité du monde musulman, au moins apparemment, de sa cohérence et de son audace. En face, le poids des situations acquises, la solidité des identités nationales, arabe, turque, perse ou malaise, ou même la simple prudence, d'un Mousharraf au Pakistan par exemple, ont permis d'endiguer pour l'instant la vague islamique. Mais on a l'impression qu'à une conception du monde réfléchie, quand bien même elle serait monstrueuse, celle d'al-Qaïda, ne s'oppose pour l'instant qu'une théologie assez confuse où se mêlent la crainte de minorités qui deviennent la première cible de l'intégrisme (Berbères du Maghreb, Coptes d'Egypte, Kurdes d'Irak ou d'Iran ou Tadjiks d'Afghanistan), l'appétence des classes moyennes à une prospérité, impossible sans consentement à la mondialisation, ou encore la lassitude des dirigeants des Etats constitués devant des adversaires par trop coriaces (Israël, Russes dans le Caucase, Africains du Soudan, et bourgeoisie chinoise en Asie du Sud-Est).

Tout cela est beaucoup pour contrer une offensive généralisée de l'islamisme. Est-ce assez pour parvenir à la contre-offensive véritablement décisive ? Ici le jeu américain demeure fondamental. Sans entrer dans son détail, nous affirmons d'emblée qu'il a constitué une incontestable riposte stratégique le plus souvent cohérente, même si de nombreuses erreurs tactiques sont venues l'assaillir, l'éroder, et même, avec l'élection de Barack Obama en 2008, sans doute l'interrompre pour un temps.

Bien sûr, une guerre, même transformée en « conflictualité » politique, se mène aussi avec des gestes symboliques : il fallait s'interdire d'emblée la torture par « waterboarding », fermer rapidement Guantanamo, assumer le risque de procès publics avec leur déballage de dossiers venus du renseignement, pour ne pas parler des exactions répugnantes d'une troupe de bas niveau moral en Irak, du type de celles commises à Abou Ghraïb. Mais il fallait aussi ne pas surcharger inutilement les nouveaux régimes afghan, puis irakien, ni non plus l'Autorité palestinienne, d'impératifs catégoriques démocratiques, essentiellement de pure propagande. Mais les fautes tactiques, dont certaines ont pu se révéler très graves, n'entachent en rien la décision stratégique essentielle, celle qui a consisté, à très bon escient, à fermer les yeux sur les complicités saoudiennes et pakistanaises dans le 11 septembre, pour reprendre en main peu à peu leurs élites et les faire participer a minima à la lutte contre les jihadistes. Ici la providence a voulu que George W. Bush soit d'emblée désireux de préserver l'ambassadeur saoudien à Washington, son ami intime le prince Bandar et ses nombreux et fidèles associés saoudiens en les évacuant dès le 13 septembre du territoire américain par une sorte d'omnibus aérien, avant qu'un procureur de l'Etat de New York n'ait l'idée dangereuse de vouloir les interroger et, pourquoi pas, de les placer en détention provisoire [1]. Au même moment, le nouveau secrétaire d'Etat Colin Powell, dont on ne dira jamais assez l'humanité, la compétence et l'intelligence des situations, saura, de militaire à militaire, placer Pervez Mousharraf devant l'alternative paix ou guerre, et le rallier, très faiblement encore, à l'effort américain en Afghanistan. (Bush et Powell accepteront même, en prix de ce ralliement, l'interruption des opérations terrestres au-

1. Parmi les bénéficiaires de cet « omnibus de la miséricorde » on comptera, outre de nombreux princes, dont l'un qui appartenait effectivement à al-Qaïda, plusieurs ressortissants de la famille Ben Laden, assimilée aux Saoud proprement dits.

tour du repaire de Tora Bora afin que puissent se replier sans encombre les officiers pakistanais qui avaient continué à encadrer les troupes talibanes, en novembre 2001...) Sans doute auront-ils ainsi permis la fuite de Ben Laden vers le Pakistan où il se trouve encore. Mais l'enjeu était de taille : une trêve indispensable de quelques années avec le gros de l'armée pakistanaise.

Cette attitude machiavélienne de l'Amérique, qui lui est souvent reprochée, consistait en fait à refuser le piège tendu par al-Qaïda : la grande guerre au cœur de l'islam. L'Amérique ne donnerait pas aux jihadistes la possibilité de jouer les sauveurs de l'Arabie Saoudite, voire d'une partie de sa famille royale. Plus fondamentalement, elle ne dissoudrait pas dans des bombardements de représailles les capacités de l'armée pakistanaise, pour la retrouver ensuite par petits paquets nucléarisés sur ses arrières afghans. Ces deux décisions fondamentales en Arabie Saoudite et au Pakistan ont sauvé alors l'avenir du conflit, à un prix évidemment élevé mais nécessaire.

Al-Qaïda jouit toujours d'importantes complicités au sein de la société saoudienne (notamment par la famille Ben Laden qui demeure financièrement intacte), et davantage encore dans l'armée pakistanaise, qui a eu tôt fait d'abriter d'abord, de réinvestir ensuite les talibans pathans en Afghanistan. Toutefois, sa marge de manœuvre est devenuc beaucoup plus faible que ce qu'elle espérait. L'Amérique, entre-temps, peut encore opérer des deux côtés de la frontière pakistano-afghane.

La seconde décision stratégique essentielle, bien plus controversée, aura été de détruire le régime de Saddam Hussein. Ce dernier, qui avait tout de même opéré un discret mais efficace rapprochement avec l'armée pakistanaise et les talibans, entretenait quelques relations, peut-être sous-estimées à ce jour, avec al-Qaïda, depuis la période soudanaise d'Oussama Ben Laden. Il avait été également le seul chef d'Etat du monde islamique à se réjouir ouvertement de l'attentat du 11 septembre, avec, il est vrai, Baudrillard et Stockhausen. Auparavant, il avait joué un rôle, essentiel et ignoré, de « grand arrière » dans la reprise du conflit israélo-palestinien depuis 2000, en étroite collusion avec Yasser Arafat. Contrairement aux conventions d'armistice de 1991, il était sorti du mécanisme des inspections à partir de 1998, avec l'aval de la France et de la Russie, après que le professeur britannique Kelly (qui allait mourir, peut-être suicidé, quelques années plus tard) eut démantelé un début prometteur de reconstruction de son programme nucléaire.

Pour toutes ces raisons, comme le dira ingénument le vice-ministre de la Défense américain Paul Wolfowitz, Saddam Hussein était la parfaite cible de la poursuite de la « conflictualité » antiislamiste, qu'il possédât ou pas des armes de destruction massive, et il reste avéré que, de ces armes, il fit antérieurement soit un large usage (arme chimique contre Iraniens et Kurdes), soit une recherche approfondie (arme bactériologique et surtout arme nucléaire).

Mais le choix de l'Irak comme cible était nécessaire pour une autre raison, plus profonde. L'opinion arabe, hors Maghreb, restait en 2002-2003, très largement acquise à Oussama Ben Laden. En exonérant les Etats en apparence, al-Qaïda jouait à cache-cache et donnait un sentiment d'impunité général. La destruction militaire de l'Etat irakien ouvrait la porte à une riposte de plus grande portée, où les complices auraient à répondre des crimes commis par l'avant-garde (surtout si l'on prend en compte le danger de l'usage d'une arme nucléaire, ou même bactériologique, de petite taille, introduite aux Etats-Unis ou en Israël, officiellement par la seule al-Qaïda).

Plus fondamentalement : en libérant dans le même mouvement des communautés chiites et kurdes terriblement opprimées par Saddam et les siens, l'Amérique enfonçait un coin fondamental au cœur du système de pouvoir iranien, et inclinait les dirigeants de Téhéran à une coopération, initialement très ouverte, avec Washington. Certes, ce quasi-basculement que prônait Rafsandjani allait aboutir deux ans plus tard, en 2005, à l'élection. coup d'Etat d'Ahmadinedjad, qui enrayait cette nouvelle logique et faisait monter en puissance le problème nucléaire iranien. Le nouveau président aggravait délibérément la crise avec l'Occident afin de bloquer le processus de réconciliation avec les Etats-Unis et d'envenimer les rapports des troupes américaines en Irak avec la communauté chiite, majoritaire, et plutôt favorable jusqu'alors à ses libérateurs improvisés.

Le grave danger que l'offensive américaine pouvait faire courir, c'était donc, avec l'avènement non prévu d'Ahmadinedjad en 2005, le passage d'al-Qaïda sous le contrôle de l'aile extrême du régime iranien, les partisans de l'ayatollah Mezbah Yazdi pour les nommer plus précisément, sous la forme d'un jihad commun avec les sunnites en Irak, dont le chef aurait été le chiite extrémiste irakien Moktada Sadr et son « armée du Mahdi ». Ailleurs, le rapprochement entre sunnites et chiites se bornera à un début de collaboration entre le Hamas palestinien et le Hezbollah libanais, de plus en plus ténu dans la réalité opérationnelle.

Une partie de ce fiasco spectaculaire de l'islamisme organisé est due, non pas à la sagacité des Américains, mais tout simplement à l'impéritie d'al-Qaïda, combinée à la vive intelligence des ayatollahs irakiens, Sistani et Hakim, étroitement liés au camp pragmatique à Téhéran. Comme nous le verrons plus en détail, les bailleurs de fonds pakistanais et saoudiens de Ben

Laden n'étaient pas prêts à laisser al-Qaïda s'extirper de la Saint-Barthélemy que les sunnites irakiens, attisés depuis l'Arabie Saoudite, voulaient mettre en œuvre contre la majorité chiite. Or, ce sont ces puissants Saoudiens et Pakistanais, ces nouveaux riches égyptiens et libanais, qui subventionnent les jihadistes d'Irak, et abondamment. Quant aux soutiens extrémistes de Moktada Sadr à Téhéran, eux non plus, de leur côté, n'étaient plus capables de saboter complètement l'émergence en Irak d'un second Etat chiite, allié et cousin de l'Iran qui libérait effectivement, fût-ce avec l'aide américaine, les lieux saints, Nadjaf et Karbala, de quatre cent cinquante ans de tutelle, voire de persécutions sunnites.

Fin 2007, Sadr et, derrière lui, les Iraniens Ahmadinedjad et Yazdi étaient contraints par leurs rivaux modérés de mettre fin à l'affrontement véritable avec les occupants américains. George Bush avait triomphé, bien qu'au comble de l'impopularité aux Etats-Unis et dans le monde occidental...

Pourtant, à ce jour, al-Qaïda, ceux qui la soutiennent, ceux qui la manipulent et ceux qui, plus modestement et innocemment, en espèrent la transformation de tout le monde de l'islam, ne se sentent nullement vaincus. Certes, pour la première fois, l'organisation a cessé de dominer le jeu par son audace, son autonomie pratique et sa promptitude stratégique. Voici venu le temps des Etats et des mouvements de masse qui vont récupérer al-Qaïda dans leur orbite, mais pas comme l'espéraient originellement Oussama Ben Laden et les siens. Courant 2007, George Bush recevait de la CIA une analyse détaillée, et très crédible, des dissensions internes croissantes dans l'organisation. Leur origine est fort simple : une nouvelle fois, la frontière entre sunnites et chiites doit être redéfinie, et avec elle, la nature des rapports du mouvement et des Etats réellement existants du monde de l'Islam.

Ayman Zawahiri, aristocrate égyptien jusqu'au bout des ongles, est le chef idéologique incontesté de l'organisation – en raison de la maladie des reins de Ben Laden, qui s'aggrave. Son expérience antérieure le conduit à exprimer une méfiance forte vis-à-vis des islamistes sunnites relativement modérés que sont les Frères musulmans en Egypte, ou encore les partisans du défunt cheikh Ben Baz, le chef tutélaire des oulémas en Arabie Saoudite. Il se refuse avec hauteur à jouer les petits soldats en position de se sacrifier pour des chefs très intégrés dans la mondialisation, qui pactiseront de nouveau avec l'Occident, sitôt leur véritable objectif atteint : une amélioration ponctuelle du rapport de force face aux Américains, cette transformation limitée qu'Arafat souhaitait par exemple en l'an 2000, en déclenchant l'Intifada des mosquées.

Au contraire, la crise fondamentale de l'Etat iranien après 2003 tient particulièrement à cœur à Zawahiri, et lui semble aller dans le bon sens, avec l'élection d'Ahmadinedjad en 2005. Le clivage qui commence ainsi à apparaître, au sein du chiisme, entre les « vrais islamistes » – Ahmadinedjad à Téhéran, Moktada Sadr à Bagdad, et le gros du Hezbollah au Liban – et les hypocrites (« mounafeghs ») qui entendent pactiser avec l'Occident (Rafsandjani, Benazir Bhutto), cette opposition lui semble cent fois plus importante sur le plan stratégique que la réanimation, sur le terrain, en Irak, des vieilles identités chiite et sunnite, au seul profit des Américains. Aussi appelle-t-il sans cesse à atténuer l'opposition au chiisme de ses ouailles, ce qui, malgré certaines précautions oratoires, équivaut à soutenir la ligne stratégique des forces les plus intégristes en Iran.

On retrouve, dès lors, la vieille et tenace inimitié qui oppose depuis toujours Zawahiri au défunt chef d'al-Qaïda en Irak, Zarkaoui, mort au combat en 2006. Vrai voyou jordanien des quartiers pauvres d'Amman, Zarkaoui échappe aux conflits de son pays pour rejoindre Ben Laden en Afghanistan. Très vite, il ne peut s'entendre avec Zawahiri et claque la porte d'al-Qaïda, dont il est exclu. Or, Zarkaoui ne quitte pas l'Afghanistan pour autant, et ouvre même son propre camp d'entraînement, subventionné à l'évidence par les services secrets pakistanais, qui jouent ici leur carte propre. Dans l'effondrement de 2001, il parvient à quitter l'Afghanistan sans encombre, et plus étonnant encore, à se faire exfiltrer à Bagdad, où il est soigné pour ses blessures. A l'évidence, l'alliance des services secrets du Pakistan avec ceux de Saddam, encore en 2001, a parfaitement fonctionné... Sans doute préservé par le service secret du Baas irakien, en vue du déclenchement d'une guérilla contre une éventuelle invasion américaine, Zarkaoui plonge dans la clandestinité en 2003, et ne tarde pas à faire jonction avec ce qui reste de l'appareil clandestin du Baas et ses milices tribales du nord et de l'ouest du pays. Ne fait aucun doute le soutien à peine discret que lui apportent l'Arabie Saoudite, ou plutôt son ministre de l'Intérieur le prince Nayef, ainsi que les services secrets syriens du général Shawkat, beau-frère du président Bachar Assad, qui autorise les volontaires du jihad à affluer en Irak, en empruntant le territoire syrien sans le moindre obstacle. Dès qu'il prend le contrôle de l'insurrection sunnite en Irak, Zarkaoui multipliera les exactions, les attentats ciblés contre les mosquées ou les rassemblements religieux chiites. Cette tactique rendait de plus en plus improbable, dans le camp chiite, la stratégie de confrontation de Moktada Sadr avec l'occupant américain, que la plupart de ses coreligionnaires tenaient au contraire de plus en plus pour leur seul bouclier. Ainsi tout de même Nayef tenait-il en respect la minorité chiite saoudienne, majoritaire sur la côte est, le Hasa, en lui promettant, en cas d'insurrection, un sort pire encore ; ainsi, Shawkat achetait-il aux Frères musulmans syriens une paix civile indispensable, mais rien de tout cela ne correspondait vraiment au programme d'al-Qaïda, pour laquelle la priorité absolue était le combat antiaméricain. Trois mois après le déclenchement de l'insurrection irakienne, pendant l'été 2003, Zarkaoui fait prêter à ses troupes serment « de fidélité à l'Imam », ce qui lui vaut sa réintégration pleine et entière dans al-Qaïda. Sa mort et la débâcle progressive d'al-Qaïda en Irak, lâchée par l'ensemble des chefs tribaux, en 2007-2008, ne renforcent certes pas son point de vue antichiite désormais posthume au sein d'al-Qaïda, mais elle ne le fait pas disparaître pour autant.

Le nouvel adversaire qui se dresse alors contre la ligne Zawahiri a pour lui un prestige beaucoup plus affirmé. C'est un militant libyen d'al-Qaïda, surnommé tout simplement al-Libi, un combattant de terrain retors et courageux, dont le principal fait d'arme consiste à s'être évadé, après sa capture par les Américains, de la prison de la base aérienne de Begram, à côté de Kaboul.

Là encore, il est permis de voir dans cette évasion spectaculaire la main secourable des services pakistanais. Qui paie la musique donne le ton : on ne s'étonne donc pas de voir al-Libi reprendre à son compte, sur un ton moins crapuleux, l'antichiisme de principe qui fut celui de Zarkaoui. Les services pakistanais (l'ISI), disons pour faire plus nuancé, leur aile la plus intransigeante, ont évidemment mis la main dans l'assassinat de Benazir Bhutto ; ils déplorent la dérive réformiste du roi Abdallah en Arabie Saoudite et s'inquiètent d'une hégémonie iranienne et chiite sur le monde arabe, que l'Irak de Saddam Hussein selon eux parvenait, jusqu'en 2003, à bloquer.

Mais ne faisons pas trop vite d'al-Libi un pion de l'ISI ou du prince Nayef d'Arabie. L'homme a ses propres conceptions, sa propre dynamique. Originaire, comme de nombreux jihadistes libyens, de la province orientale de Cyrénaïque, en quasi-insurrection contre Kadhafi, il pense que son heure viendra pour succéder au pitre sanguinaire de Tripoli, dans un pays dont la radicalité idéologique demeure entretenue par la rente pétrolière. Mais il sait aussi qu'il a besoin que l'Egypte soit paralysée pour agir, voire complaisante à son endroit. Cette stratégie ne peut que passer par une alliance avec les Frères musulmans plus modérés et leurs relais saoudiens et yéménites, donc par une exaltation de l'identité sunnite salafiste (fidèle aux ancêtres) d'al-Qaïda, sans complaisance pour l'Iran.

Entre ces deux stratégies opposées – une fois de plus, Qôm et l'Iran contre al-Azhar et l'Egypte – il semble qu'un Ben Laden affaibli et malade, mais qui demeure un patriote saoudien hostile dans l'âme aux chiites, ait donné raison à al-Libi, tandis que, depuis sa résidence surveillée de Yazd, Saïf el-Adl, l'ancien chef des opérations spéciales d'al-Qaïda, soutienne Zawahiri avec enthousiasme et ait même proposé de mettre ses réseaux au service du terrorisme iranien des pasdarans et de la brigade al-Quods, en cas d'attaque israélienne.

Nous arrivons ainsi, par l'apparition d'une fêlure interne aussi profonde au sein d'al-Qaïda, à l'acte final de la guerre antiterroriste. La vague islamiste était née en 1977-78 de la révolution de Téhéran et de la paix égypto-israélienne. Ces deux processus, et avec eux al-Qaïda, tirent sans doute à leur fin, car il me semble que dans la controverse Zawahiri - al-Libi, les deux protagonistes aient pour l'instant raison l'un et l'autre.

Zawahiri, en effet, pense que l'ultime effort qu'accomplit le camp intégriste iranien, avec son exaltation du programme nucléaire et balistique national, peut conduire, par le déclenchement d'une guerre avec Israël, au jihad généralisé. Al-Libi a, lui, raison de voir dans l'agonie de Hosni Moubarak et la vieillesse du roi Abdallah les prodromes d'une montée en puissance des Frères musulmans. L'emprise qu'ils exercent sur Gaza et sur toute la Palestine, à travers le Hamas, est, pour lui, annonciatrice d'orages à répétition.

Mais il est peu probable que les deux événements se produisent à l'unisson. Quand la gauche iranienne et son prophète Mossadegh s'affirmaient chaque jour davantage en Iran, entre 1945 et 1953, l'Egypte vivait les derniers jours de la débonnaire monarchie du roi Farouk, prolongée un an encore par le proconsulat pro-occidental du général Néguib. Et quand Nasser eut exercé le pouvoir – de 1954 à sa mort en 1970 – l'Iran ne connaissait que le règne sans partage du Chah. Ce fut au moment où Sadate accomplissait le geste prophétique de se rendre à Jérusalem, que Khomeyni faisait entendre à Téhéran les strophes d'une poésie tout autre, plus âpre et plus meurtrière. L'humanisme de La Mecque contre la pugnacité de Médine, une fois encore cette mystérieuse et mal déchiffrable dualité du Coran.

Quoi qu'il en soit, l'heure n'est plus à al-Qaïda. Celle-ci avait constitué une sorte d'« univers parallèle », presque totalement indépendant des Etats de la région, où le mouvement se déplaçait à la vitesse de l'éclair, sans force de frottement, d'un théâtre d'opérations à l'autre, Pakistan, Yémen, Ouzbékistan et Irak et pour finir Amérique, Europe et Indonésie. Plus lourdes, hésitantes et souvent confuses, les stratégies des Etats peinaient derrière ce califat de papier et de cassettes vidéo qu'incarnaient Ben Laden et Zawahiri. Ce monde s'achève : si Ahmadinedjad et les siens l'emportent en Iran, al-Qaïda tombera sous leur coupe, et son sort sera celui de la dictature islamiste iranienne, que combattait déjà une grosse majorité des acteurs politiques à l'intérieur du pays, et le gouvernement de

Bagdad, « tout contre l'Iran ». Si, au contraire, al-Qaïda accepte de jouer le rôle d'une simple avant-garde au service d'une partie de la cour saoudienne, de certains militaires pakistanais et de la confrérie des Frères musulmans au Caire, son sort sera désormais lié à la réussite de la stratégie, plus lisible, de l'intégrisme sunnite classique.

Quant à l'Amérique d'Obama, elle doit gérer tant bien que mal la chute brutale de son hégémonie et l'interdit de guerroyer outre-mer que lui a signifié une majorité de son opinion publique. Cette faiblesse, paradoxalement, peut enhardir les libéraux et les modérés iraniens qui y verront de grandes ouvertures pour la puissance renouvelée de leur pays, tout comme elle peut donner aux Frères musulmans égyptiens le sentiment justifié de leur impunité relative. C'est à ce moment-là que se jouera le vrai dilemme d'Obama : l'alternative « Kennedy ou Lindbergh ». Un Kennedy surmontant sa jeunesse et son inexpérience pour incarner dans la crise de Cuba de 1962 la fermeté raisonnée et limitée d'une puissance qui n'est pas enivrée par l'ampleur de ses moyens militaires ; ou un Lindbergh, dont le charme, la séduction et l'honnêteté foncière qui se dégageaient de sa personne pouvaient, au nom d'un pacifisme étroit et aveugle, se mettre au service du renoncement face au nazisme triomphant.

L'avenir s'ouvre sur cette perspective, à cette heure indécidable.

La guerre perdue de l'Amérique

Lorsque Barack Obama est élu en novembre 2008, l'Amérique a perdu la guerre antiterroriste, sept ans après l'avoir engagée. Cette proposition choquera par sa brutalité. Elle ne tient notamment pas compte de la sagacité stratégique d'ensemble de la riposte américaine, ni de la pacification intervenue « au finish » en Irak. Elle est pourtant malheureusement exacte sur trois plans : philosophique, stratégique, opérationnel.

Si l'on considère *la philosophie générale*, en effet, on ne peut qu'observer que ce qui s'est mis en place à partir de l'automne 2001, en forme de riposte à al-Qaïda, ne peut se résumer à une simple opération de police. L'ambition, nullement secrète au demeurant, de George W. Bush et de ses soutiens était, en réaffirmant une capacité de réaction militaire à un acte de guerre de grande ampleur, de rétablir clairement une hégémonie américaine, au fond toute récente et devenue aléatoire. Car ce n'est qu'avec l'effondrement de l'empire soviétique sur le plan militaire, et le krach du capital financier japonais qui lui est concomitant, sans relation de causalité réciproque, que l'Amérique des années 1990 a pu exercer, pour la première fois dans son histoire, un rôle hégémonique sans précédent.

En sept ans de guerre antiterroriste, aucun des objectifs du combat n'a pourtant pu être atteint : l'hégémonie absolue des Etats-Unis s'est donc consumée à Bagdad. La crainte du terrorisme n'a produit, en dehors de l'Inde, aucun resserrement des liens de Washington avec les autres pôles de puissance de la planète : la Chine est certes demeurée complice de Washington sur le plan économique, en continuant de financer, à fonds apparemment perdus, les déficits des Etats-Unis en échange du maintien de l'ouverture libérale du grand marché nord-américain, mais elle n'a cessé de réaffirmer son poids géopolitique en opposition aux Etats-Unis, courtisant et achetant la nouvelle Russie, confortant le double jeu pakistanais, investissant brutalement l'Afrique.

Quant à la Russie de Poutine, après s'être vue éconduite au lendemain du 11 septembre, elle n'a plus cessé, y compris sur le plan antiterroriste, de saboter les initiatives de George Bush – refusant par exemple de poursuivre les islamistes russes expulsés de Guantanamo, et ce quelques jours seulement avant le massacre de Beslan en Ingouchie.

L'Amérique latine a presque entièrement basculé à gauche, hors le Mexique et la Colombie ;

l'Europe s'est tout entière abandonnée au pacifisme intégral du couple Chirac-Schröder ouvert à la Russie de Poutine, abandonnant à la menace terroriste effective d'al-Qaïda tous ceux qui s'y étaient initialement opposés, Aznar à Madrid le premier, suivi bientôt de Berlusconi à Rome, au moins pour un temps, et pour finir de Tony Blair, contraint de passer la main à Londres au faîte de l'impopularité. Il n'est pas jusqu'aux partenaires les plus immédiats des Etats-Unis, Canada et Mexique, réunis au sein de l'Alena, qui auront manqué à Washington, à l'aube de la bataille décisive, en 2003.

Ben Laden a donc remporté la première manche, philosophique ou, si l'on veut, macropolitique. En haussant le niveau de destruction du terrorisme et en contraignant ainsi l'Amérique à sortir de sa posture clintonienne d'hégémonisme « bénin et négligent », al-Qaïda précipitait son adversaire vers une hégémonie active et belligérante, mais aussi plus aléatoire. Mal gérée, cette montée en puissance de l'Amérique se termine sur un isolement politique très spectaculaire de la première des démocraties, plus spectaculaire encore si l'on comptabilise l'état des opinions publiques. Jamais de nouveaux pôles de puissance, le Brésil, l'Inde, la Russie, la Chine, et même le précaire Iran, n'ont été aussi forts. Or, une partie de cette force provient, à des doses variables, de l'affaiblissement relatif des Etats-Unis. Première défaite, philosophique, si l'on peut dire, qui comporte ses réalignements inévitables, mais aussi ses soucis considérables.

Défaite stratégique : le « nouveau Moyen-Orient » démocratique et mondialiste, rêvé par les néo-conservateurs de l'administration américaine, n'a nulle part vu le jour. Les pressions démocratiques exercées par les Etats-Unis ont même considérablement affaibli le rapport de force global, en légitimant sans ambiguïté les partis islamistes, certes distincts d'al-Qaïda, mais nullement modérés dans leurs ambitions fondamentales, et qui ont pu manipuler à leur profit le suffrage universel. Les Frères musulmans sont la force d'opposition hégémonique en Syrie et en Libye, où la Cyrénaïque est d'ores et déjà à moitié insurgée contre Kadhafi, ils ont conquis une emprise sans précédent sur la société égyptienne, prélude à une forme de cooptation par le pouvoir d'Etat, qui pourrait être pacifique aussi bien que sanglante.

Ailleurs, ce sont les acquis de la période précédente, plus ouverte, qui ont été peu à peu remis en cause : stabilisation des tueurs esclavagistes de Khartoum, grâce notamment à leur alliance avec Pékin, retour de manivelle intégriste à Téhéran avec l'élection truquée d'Ahmadinedjad en 2005, à Beyrouth avec les triomphes récents du Hezbollah chiite, stratégie de la réintégration politique des anciens combattants du FIS par Bouteflika en Algérie, au moins jusqu'à la récente révocation du très antisémite et très francophobe Premier ministre Belkhadem, et croissance cancéreuse de la nouvelle insurrection talibane, au cœur de l'Afghanistan de Karzaï.

Avec la victoire intégralement démocratique du Hamas palestinien sur un Fatah modéré mais affaibli, qui répudiait clairement le dernier tournant terroriste d'Arafat, celui de Mahmoud Abbas, victoire acquise exclusivement grâce au modèle électoral transparent favorisé par les néo-conservateurs américains, on monte bien sûr d'un cran dans la défaite stratégique : car c'est désormais la paralysie totale des négociations israélo-palestiniennes qui prévaut, et l'alliance stratégique des intégristes sunnites palestiniens (et égyptiens) avec les chiites intégristes libanais du Hezbollah. Ces derniers ont, dans le même temps, ébranlé sérieusement la précaire et récente indépendance libanaise.

Plus que jamais, l'islamisme est donc à l'offensive sur le vaste front qui s'étend de la Mauritanie au Pakistan, d'ouest en est, et de l'Ouzbékistan au Soudan, du nord au sud. Le seul cas de défaite politique importante de l'intégrisme a eu lieu, tout récemment, en 2008, au Pakistan où la coalition hélas éphémère des deux grands partis démocratiques, de gauche et de droite (le Parti populaire et la Ligue musulmane) a pu s'imposer, tout de même, avec le sacrifice poignant de Benazir Bhutto, et placer le pouvoir militaire du général

Pervez Mousharraf, lui-même sacrifié par ses pairs, d'abord dans une sorte de cohabitation précaire et défensive, puis vers une abdication inévitable tandis que des forces communisantes chassaient par l'exercice du bulletin de vote les coalitions pro-talibanes dans les provinces occidentales du Nord-Ouest et du Baloutchistan.

Malheureusement, s'il est parfaitement exact que Mousharraf n'a cessé de jouer double jeu avec les Américains, alternant phases de collaboration effective et phases de sabotage actif, le nouveau gouvernement démocratique de centre-gauche d'Assif Zardari (le veuf de Benazir) et de son Premier ministre, lui aussi chiite, Youssouf Reza Ghilani, outre qu'il est bien mieux disposé à l'égard de Téhéran, a d'emblée saboté la coopération antiterroriste avec Washington, fait sortir le proliférateur en chef Abdul Qadir Khan de son très relatif confinement, interdit tout droit de suite aux troupes américaines et canadiennes d'Afghanistan vers les zones tribales que le gouvernement pakistanais ne contrôle pourtant pas, et héroïsé pendant tout un temps le juge à la Cour suprême Nirat Chawdurry, dont l'exploit avait été de faire libérer des terroristes locaux appréhendés avec l'aide des Américains, sous des considérations d'indépendance nationale qui équivalent à une complicité pure et simple avec al-Qaïda. Tout cela pour réduire par une forme d'« appeasement » l'agressivité meurtrière du parti islamiste. Avec la réintégration forcée de Chawdurry à la Cour suprême, Zardari a même dû accepter que les juges disposent désormais des moyens de le destituer, avec l'évidente complicité des militaires du général Kayani ainsi que de la Ligue musulmane, son opposition conservatrice. Sa marge de manœuvre en est réduite d'autant.

Si l'on songe que les deux chefs du mouvement, Ben Laden aussi bien que Zawahiri, aujourd'hui en opposition idéologique, n'ont jamais poussé la mégalomanie jusqu'à imaginer qu'al-Qaïda pouvait, à elle seule, restaurer un califat musulman global, on comprend que les progrès, même complexes, de l'islamisme politique sont très exactement les objectifs que leurs actions terroristes entendaient atteindre à terme. A la manière des terroristes populistes russes qui pensaient (à tort) que leurs attentats ouvraient la voie, par leur exemplarité, à la grande insurrection paysanne libératrice, les combattants de Ben Laden pensaient, eux, ménager un accès plus facile à des mouvements majoritaires, distincts pourtant de leur organisation proprement dite. On remarquera, du reste, que la confrérie des Frères musulmans, par son porte-parole installé dans le confort du Qatar, l'imam égyptien Karadawi, n'a jamais condamné al-Qaïda, sous aucune forme, et que l'Etat iranien et ses services spéciaux, de leur côté, maintiennent, comme nous l'avons vu, en résidence assez hospitalière à Yazd, au centre du pays, un groupe de réfugiés d'al-Qaïda, dont le chef de ses opérations spéciales Saïf el-Adl, sans nullement les inquiéter. Al-Qaïda a ainsi levé bien des peurs et des hésitations qui demeuraient chez les islamistes « mainstream » : moyennant quelques sacrifices humains, le jihad pourrait bien être payant. Cette conviction est aujourd'hui partagée par tous, et se trouve mise en application en Palestine, en Israël, au Liban, en Syrie, en Irak, en Afghanistan et au Pakistan, par des éléments terroristes distincts d'al-Qaïda.

L'isolement d'al-Qaïda n'est apparu nulle part, pas même en Arabie Saoudite où l'organisation s'est bien gardée d'appeler à la chute de la royauté des Saoud, se bornant à frapper les étrangers, principalement les techniciens du pétrole, dont la présence sur « la terre du Prophète » est incompatible, depuis toujours, avec la lettre de la Charia.

Avantage stratégique, donc, à Ben Laden et deuxième défaite des Etats-Unis, qui ont de toute manière épuisé en Irak leur droit de tirage militaire, et ne disposent sur le plan régional que d'une diplomatie affaiblie. Et nous voici à la troisième défaite, opérationnelle celle-ci. Si les premiers engagements en Afghanistan en 2001 et en Irak en 2003 ont semblé conduire à un triomphe militaire manifeste, il a fallu malheureusement déchanter assez vite. Certes, j'ai déjà [1] cherché à

1. *J'ai vu finir le monde ancien*, Grasset, 2002.

différencier le « conflit » – essentiellement militaire – caractéristique du XXe siècle, particulièrement jusqu'au milieu des années 1970, de la « conflictualité » – où le moment politique se subordonne l'élément purement militaire – qui semble bien devoir dominer toute la période actuelle. Les opérations de « conflit » étaient fondées sur un corps de bataille aéroterrestre performant, la maîtrise des mers et du ciel, le renseignement électronique, et plus généralement la supériorité technologique. Les opérations de « conflictualité » nécessitent, dans la réalité, un service de renseignement humain, indépendant et performant, une armée d'ingénieurs au service de la reconstruction d'un pays donné, une force terrestre tout entière aguerrie au combat d'infanterie, pour occuper le terrain, et, « last but not least », une bonne entente avec un arrière, vite découragé par l'incertitude et la lenteur des résultats. Toutes choses dont l'Amérique de 2003 était dépourvue.

Sur ce plan, les mécomptes relatifs de l'occupation de l'Irak, doublés par les échecs retentissants de l'OTAN sur les confins afghans, puis d'Israël face au Hezbollah libanais, ne permettent en aucun cas de parler de succès opérationnel, malgré quelques réussites ponctuelles, telles que l'intervention éthiopienne en Somalie contre le mouvement des tribunaux islamiques, la destruction par les forces spéciales et l'aviation israéliennes d'un centre nucléaire syrien clandestin, en

2008, sans réaction quelconque de Damas, la victoire militaire des milices Badr du gouvernement de Bagdad sur les terroristes chiites de Moktada Sadr, dans la région de Bassora, puis à Bagdad même, toujours en 2008, et pour finir l'isolement progressif d'al-Qaïda dans la zone sunnite, septentrionale, de l'Irak. Mais ces quelques poussées d'optimisme n'ont débouché sur aucun succès opérationnel suffisamment spectaculaire pour renverser le courant principal de l'opinion américaine, aujourd'hui largement acquise au pacifisme et à l'isolationnisme, qu'a prônés, sans grandes nuances rhétoriques, Barack Obama avec un succès croissant, tout au long de sa campagne électorale.

Résumons : quelques victoires militaires éparses, mais insuffisantes à déterminer un changement irréversible sur le terrain, et pas encore susceptibles d'enrayer le rejet croissant de la guerre par l'opinion américaine et les opinions occidentales, ce qui restreint d'autant le champ des options opérationnelles. Troisième défaite, donc, de toutes la plus cuisante.

Bien sûr, une analyse rigoureuse se doit d'établir un bilan plus complet et plus nuancé. Le volet proprement policier de la lutte contre al-Qaïda est infiniment plus satisfaisant. Depuis le 7 juillet 2005 et les attentats dans le métro de Londres, l'organisation n'a plus été en mesure de frapper une seule grande ville occidentale, l'Amérique moins encore. En 2006, le service de sécurité intérieur britannique, le MI5, parvenait à démanteler une cellule de Pakistanais britanniques (dont deux médecins hospitaliers en exercice) qui se proposaient de faire exploser en vol sept avions de ligne américains et canadiens, au départ de Heathrow. La mort au combat du bandit jordanien Zarkaoui en Irak, fin 2006, a également scellé la décomposition de son groupe sur le terrain. Il n'est pas impossible qu'il ait été remplacé par une direction collective bien moins efficace, faute de commandement reconnu par le centre pakistanais d'al-Qaïda.

Un bon tiers de la direction internationale d'al-Qaïda a tout de même été cravatée, au Pakistan, toujours dans des villes de plus d'un million d'habitants et non dans les zones tribales souvent invoquées à tort, et sur la base des écoutes américaines de la NSA, transmises aux éléments implantés sur place du FBI, là encore sans aide pakistanaise véritable. Malgré la constante mauvaise volonté des autorités pakistanaises ont ainsi été arrêtés l'administrateur palestinien du groupe, Abou Zoubeïda (à Faiçalabad), le chef de la branche yéménite, Ben al-Shibh, auteur de l'attentat contre le destroyer *Cole* en rade d'Aden en 2000, et surtout le « numéro trois » de l'organisation, son chef militaire véritable, Khaled Mohammed Sheïkh, qui s'est aussitôt attribué toute la responsabilité opérationnelle du 11 septembre et qui représente historiquement le maillon fondamental qui relie al-Qaïda dans les années 1990 au terrorisme palestinien extrême du groupe Abou Nidal, ainsi qu'au groupe Carlos plus laïque issu du FPLP, tous deux actifs dans les années 1980.

Sous l'empire de fortes doses de morphine, Abou Zoubeïda a lâché les noms des deux princes de la famille royale saoudienne, membres de l'organisation – décédés l'un et l'autre d'accidents mystérieux, peu après – et celui du parrain militaire d'al-Qaïda dans l'armée pakistanaise, le général Houmayoun, chef d'état-major de l'armée de l'air, mort dans l'explosion de son avion, alors qu'il assurait une tournée d'inspection dans le nord du pays, lui aussi dans les mois qui ont suivi cette révélation. La réconciliation spectaculaire des Etats-Unis avec l'armée et les services secrets algériens au lendemain du 11 septembre 2001 a permis rapidement le démantèlement des derniers réseaux actifs du GIA, grâce aux écoutes de la NSA [1]. En Indonésie, la branche locale d'al-Qaïda a été mise hors d'état de nuire, après le terrible attentat de Bali en 2002, même s'il a fallu en pas-

1. Par un hasard extraordinaire, le chef du renseignement algérien, le général Tewfik Medhiene, se trouvait dans le Pentagone, le 11 septembre, au moment où l'un des avions s'écrasait sur le bâtiment. Le sang-froid, l'esprit de solidarité et l'humanité dont il fit preuve au moment de cette épreuve ne manquèrent pas d'impressionner ses interlocuteurs américains qui, dès lors, ne cessèrent de l'appuyer en Algérie.

ser par l'absolution politique de ses chefs idéologiques, quelques mois plus tard, par des tribunaux complaisants, sous la pression du président Yudhoyono. Le nouveau chef de l'Indonésie cherchait par là à manifester son indépendance à l'égard de Washington. Les insurrections islamistes du sud des Philippines, du Ferghana, aux confins de l'Ouzbékistan et de la Kirghizie, des Tchétchènes enfin, ont été jugulées non sans mal pendant les deux années, 2006-2008, sans que les Etats-Unis y soient pour quoi que ce soit.

Il reste qu'ici le bilan est nettement à l'avantage de Washington. On sait aussi que les communications entre les groupes et le centre d'al-Qaïda sont considérablement réduites, que les transferts d'argent se font à présent sous forme de valises et de passeurs beaucoup plus vulnérables, appartenant souvent à la mafia musulmane de Bombay et utilisant Dubaï comme plaque tournante. Les messages de propagande de Ben Laden intéressent également beaucoup moins l'opinion arabe, et la chaîne al-Jazira du Qatar ne leur donne plus l'affichage spectaculaire de naguère, tandis que certains retournements continuent à s'opérer, comme celui de l'ancien représentant d'al-Qaïda dans le « Londonistan », Abou Qoutada, que les autorités britanniques viennent de libérer en 2008 pour son attitude coopérative.

Tout cela serait évidemment bel et bon, s'il ne s'agissait, comme le pensent encore beaucoup, que d'une traque policière toute simple. Mais évidemment, la nocivité d'al-Qaïda ne se mesure pas seulement avec ces paramètres répressifs peu subtils. Comme le voulait, dès la fondation de l'organisation, son initiateur, Abdallah Azzam, al-Qaïda n'est qu'un point fixe, une « base » pour le déclenchement d'une action bien plus vaste. La base est certes démantelée en plusieurs points sensibles, mais l'action bien plus vaste s'est déclenchée malgré tout, et ceci produit pour l'instant un renforcement, non un dépérissement du vaste mouvement intégriste islamiste, né vers 1979 du double impact de la révolution iranienne et de la faillite des régimes arabes d'inspiration nassérienne – comme nous l'avons vu précédemment.

Pour l'instant, l'Amérique perd donc la guerre, et il serait nécessaire pour tout le monde, pour les musulmans en tout premier lieu, que cette guerre soit gagnée partout ! Car si l'on revient à la situation stratégique d'ensemble, où en sommes-nous ? Si le poids des éléments réformateurs et pragmatiques en Iran est potentiellement très supérieur à celui des intégristes purs d'Ahmadinedjad, il n'en reste pas moins que pour l'instant, la montée en puissance de Téhéran semble pouvoir bafouer la puissance américaine, sans qu'une parade ait pu être trouvée. La puissance iranienne semble aussi disposer d'un relais syrien toujours efficace, ainsi que de l'ascendant que le Hezbollah exerce durablement sur la société libanaise tout entière, avec désormais des supplétifs chrétiens, tel le général Aoun, et bientôt sunnites sans doute.

En Palestine, le Hamas bloque efficacement toute évolution pacifique régionale et en Afghanistan les talibans continuent à éroder la capacité de riposte occidentale et parviennent ainsi à peser sur l'équilibre interne d'une armée pakistanaise nucléarisée et rongée par l'intégrisme. En Algérie, le GIA, recomposé en branche d'al-Qaïda, le GSPC (Groupe salafiste pour la prédication et le combat, aujourd'hui rebaptisé Organisation al-Qaïda au Maghreb islamique), parvient ponctuellement à peser sur la situation globale, avec la reprise d'un terrorisme sporadique, qui a sévi jusque dans la capitale. Quant à l'Arabie Saoudite, malgré l'explosion du prix des hydrocarbures qui lui a permis tout un temps d'acheter chez elle la paix sociale, et à cause paradoxalement de cette même explosion qui a nourri dans le monde islamique le sentiment éphémère d'une « nouvelle toute-puissance » économique, cette fois-ci, les évolutions de la société semblent aller à l'encontre des excellentes intentions du roi Abdallah et de l'équipe de partisans du despotisme éclairé qu'il a rassemblée autour de lui.

Pour ne pas faire durer un intolérable suspense, disons tout de suite qu'un redressement de la situation demeure toutefois possible, voire probable si l'on veut bien regarder d'un peu plus près quelques évolutions récentes – dans le monde chiite irakien en particulier. Mais si une stratégie victorieuse peut se dessiner dans la « conflictualité antiterroriste », son point d'application semble s'être peu à peu déplacé des Etats-Unis vers l'intérieur du monde musulman, d'un conflit apparent des civilisations Occident/Islam, à la montée d'une guerre civile généralisée dans l'ensemble de l'espace de l'Islam. Cette perspective et la victoire des alliés de l'Amérique ne sont absolument pas exclues à brève échéance, mais celles-ci supposent que vienne à maturation une contradiction fondamentale, née dès 1978 de la révolution iranienne et jamais résolue jusqu'à présent, la rivalité entre chiisme révolutionnaire et fondamentalisme sunnite. Il apparaîtra alors qu'à peine Bush parti, l'acte central de la grande crise de modernisation du monde musulman va s'ouvrir. Avec une forte redistribution des cartes.

L'islamisme en crise

« Une étincelle peut mettre le feu à toute la plaine », écrivait, avec son habituelle componction, le disert Mao Tsé-toung. Disons avec les physiciens contemporains qu'il ne faut pas nécessairement, à l'origine de phénomènes colossaux, des asymétries aussi colossales. La logique « contre-intuitive » de la science moderne nous apprend qu'il existe de fantastiques accélérateurs de la causalité, dès lors que se rencontrent dans le réel des fractures potentielles qui ne demandent qu'à être activées. Peu de causes produisent alors de gigantesques effets.

Prenons tout de suite un exemple. Quand commence la guerre d'Algérie ? Avec les massacres de Sétif en 1945 ? Thèse orthodoxe du FLN. Sans doute, mais leur font suite neuf ans de paix relative, marqués par la progression des luttes politiques non violentes et la transformation du MTLD/PPA de Messali Hadj en un parti de masse qui trouve, à Alger essentiellement, un interlocuteur attentif dans le maire libéral de centre gauche, Jacques Chevallier. Alors, faut-il penser que l'insurrection devient inévitable avec l'avènement au pouvoir, en Egypte, des officiers libres, trois ans plus tôt, en 1952, dont l'onde de choc ébranle instantanément le monde arabe, depuis Casablanca jusqu'à Bagdad ? Thèse orthodoxe de l'armée française qui a été instrumentalisée pour l'expédition de Suez de 1956. Assurément, il s'agit là de la scène fondamentale de déploiement du phénomène, à ceci près que cette onde de choc touchera, certes, chaque Etat arabe, mais différenciellement, certains candidats à l'incendie immédiat, telle la Jordanie y survivant, d'autres, naturellement moins inflammables en apparence, tel le Yémen, y succombant dès 1962. Les brèves insurrections armées du Maroc et de la Tunisie contre la France, à partir de 1952, donneront aussi des exemples à suivre aux Algériens, mais l'évidente soumission idéologique de ces mouvements armés à des forces essentiellement réformistes, Mohammed V et Bourguiba, aurait pu, tout aussi bien, aboutir à une reprise en main de l'insurrection de 1954 en Algérie par les partisans du compromis historique avec la France, que furent successivement Ferhat Abbas, puis Ben Khedda. Rien de tel, on le sait, ne se produisit : la radicalisation, la profondeur de l'engagement et la violence sociale, libérées par l'insurrection algérienne, l'une des plus destructrices du processus de décolonisation, demeurent à ce jour comme facteurs fondamentaux de l'éclatement géopolitique du Maghreb, et ont nourri, sur les mêmes lieux, dans les années 1990, la plus sanglante insurrection islamiste de toutes celles qui ont fait suite à la révolution iranienne.

Ces événements considérables ont pourtant une causalité historique, au sens strict, tout à fait modeste : la naissance, dans le courant de l'année 1953, d'un noyau d'une petite centaine de militants dirigés par des leaders jeunes et encore inconnus du monde entier, le Comité révolutionnaire pour l'unité algérienne ou CRUA. Il s'agit d'une petite scission de militants du principal parti nationaliste algérien, le Parti populaire (PPA), lequel opère au sein de sa société civile dans des conditions de semi-légalité aléatoire, depuis le début des années 1930. Ce n'est pas la radicalisation de ce PPA (plus connu alors sous son sigle électoral de 1946 de Mouvement pour le triomphe des libertés démocratiques, MTLD) qui provoque l'insurrection des Aurès de la Toussaint 1954, mais presque son contraire : sur le terrain, à Alger notamment, les militants nationalistes ont commencé à entrer dans une logique de marchandage avec les pouvoirs urbains pieds-noirs, et à s'émanciper de la direction en exil du père fondateur Messali Hadj, lequel devient minoritaire au comité central du parti.

Messali Hadj développe une conception autoritaire de son pouvoir personnel, qui ne convient plus à la majorité des cadres gagnés au réformisme (les centralistes), mais aussi, il s'imagine encore que ses contacts personnels avec les services secrets américains vont lui permettre, à terme, de diriger une Algérie indépendante et pro-occidentale, à l'instar du processus qui s'engage au Maroc et en Tunisie. Plusieurs centaines de jeunes militants, dont des étudiants en France, des cadres de l'Organisation spéciale qui avaient monté quelques hold-up politiques, des jeunes nassériens spontanés, tel le futur président martyr Boudiaf, découvrent alors dans la discussion, rendue enfin possible par l'éclatement de la discipline interne du parti, qu'ils ne veulent ni des uns – les centralistes – ni des autres, les messalistes. Avec peut-être 10 %, plus vraisemblablement 5 % de la mouvance militante, ils décident le passage à l'action directe pour gagner de vitesse, par la force de l'exemple, les deux autres courants, et aussi dans l'espoir de provoquer un sursaut. Ils vont instituer une réaction en chaîne inflationniste d'une ampleur insoupçonnée de tous : révolte généralisée des campagnes algériennes, puis des grandes villes, contre le pouvoir colonial, rupture définitive de la République parlementaire en France et retour du général de Gaulle, expédition de Suez contre l'Egypte nassérienne, laquelle entraîne en deux ans la première guerre civile libanaise et la chute des pouvoirs traditionnels en Irak et au Yémen, et enfin alliance stratégique de plus en plus affirmée du nationalisme arabe et du communisme soviétique... Et même bombe atomique israélienne, fruit d'une alliance de plus en plus solide de la France en guerre, en Algérie, avec l'Etat hébreu menacé d'extinction au Moyen-Orient.

Aucun de ces grands événements historiques n'aurait été pensable sans l'émergence du CRUA et de sa centaine d'adeptes, grâce à l'énergie dégagée par la faillite de Messali Hadj, dans une société algérienne supra-conductrice de cet influx inopiné. Médiocrité des causes immédiates, puissance terrifiante des effets donnent ici raison a posteriori aux théories de type léniniste sur le rôle des avant-gardes dans l'histoire. Que le lecteur veuille bien pardonner la longueur de ce rappel historique. Il nous fournit pourtant un modèle d'intelligibilité nécessaire à la compréhension du chaos actuel qui règne au Moyen-Orient depuis le 11 septembre 2001.

Le rôle du CRUA peut parfaitement incomber à al-Qaïda ; celui de l'Egypte nassérienne au « nouveau nouveau régime iranien » des Gardiens de la Révolution groupés autour d'Ahmadinedjad, et nous aurions le modèle, à partir d'un petit noyau militant indépendant, de la propagation d'un immense incendie régional où se jettent les grands Etats, les uns après les autres. Mais il y a pourtant entre les deux modèles historiques apparentés une différence dont il nous faut à présent traiter : l'impossibilité récurrente de la formation de ce front unique islamiste, dès la naissance de la révolution à Téhéran en 1978-79. C'est ce processus non conducteur, qui atténue la force explosive des insurrections successives, qu'il nous faut désormais expliquer.

Si l'Iran avait voulu jouer le même rôle de « Grand Arrière », qui fut celui de l'Egypte nassérienne dans le processus révolutionnaire arabe des années 1948-1967, nul doute qu'al-Qaïda (et même l'un de ses prédécesseurs égypto-saoudien) serait parvenue à déclencher la grande insurrection califale contre l'Occident. Mais il aura constamment manqué, dès 1978, une relation de confiance entre sunnites arabes et chiites turco-persans, afin de reconstruire une unité de l'Islam post-national. Le 11 septembre 2001, aucune solution à ce dilemme n'avait été trouvée, ni d'un côté de la barrière, ni de l'autre. Qu'en sera-t-il demain ?

Tout commence pourtant de la même manière qu'en Algérie, avec la crise discrète mais majeure qui traverse le mouvement des Frères musulmans égyptiens après la conclusion par Sadate en 1978 d'une paix avec Israël, au moment même où le peuple de Téhéran terrasse le pouvoir impérial du Chah, Mohammed Reza Pahlevi.

Une révision déchirante devient nécessaire parce que, depuis la mort de Nasser en 1970, la direction de la confrérie des Frères musulmans, principal mouvement islamiste dans le monde, fondé dès les années 1920 en Egypte, a joué, au contraire de ses émules iraniens, la carte de l'ouverture libérale du pays et de l'anticommunisme militant, c'est-à-dire du rapprochement tacite avec le nouveau raïs, Sadate, et implicitement avec les Américains qui soutiennent ce dernier très énergiquement, en y impliquant leurs grands alliés saoudiens. Mais que la paix et la reconnaissance d'Israël en 1977 soient un « non possumus » qui met fin à tout compromis avec Sadate ne fait de doute pour personne, à l'intérieur comme à l'extérieur du mouvement des Frères musulmans.

De même, l'Arabie Saoudite rompt-elle alors toute relation officielle avec l'Egypte, bien qu'elle ait été son alliée militaire et financière indéfectible de la guerre du Kippour de 1973 à la rupture ultérieure avec Moscou. L'Arabie Saoudite fera d'ailleurs chasser l'Egypte, quelques années durant, de la Ligue arabe, et se mettra à considérer d'un œil de moins en moins complaisant l'alliance qu'elle a elle-même contractée avec les Etats-Unis depuis 1945.

Mais à partir de ce constat unanime, les stratégies divergent. Les plus vieux cadres des Frères musulmans, qui avaient survécu comme ils le pouvaient à la dure répression nassérienne, appuyée alors avec enthousiasme par les communistes locaux et un KGB qui s'était taillé une part importante au sein de l'appareil d'Etat égyptien, étaient réticents devant toute offensive trop radicale et trop inconsidérée. Ils souhaitaient conserver les poches de semi-liberté qui avaient été négociées avec le pouvoir de Sadate, les quelques élus qu'ils avaient pu passer en contrebande à l'Assemblée sous l'étiquette de nouveaux ou d'anciens partis, et plus sérieusement les petits journaux et les nouveaux oratoires de quartier où leurs prédicateurs pouvaient faire entendre leur appel dans une relative quiétude. Les fauteurs de cette stratégie ne voulaient donc pas déclencher un vaste mouvement populaire à l'iranienne, trop risqué à leurs yeux, et préféraient mettre l'accent sur des alliances conspiratives avec les mécontents post-nassériens de l'Etat égyptien profond, principalement dans l'armée et la police.

Nous en sommes toujours là, en ce début de XXIe siècle. Le leader le plus important de la confrérie, Hodeïbi – décédé en 2004 –, était lui-même un ancien officier libre du coup d'Etat de 1952, qui avait conservé des liens personnels avec nombre de ses collègues, de l'entourage de Sadate [1]. Il y a beaucoup à parier, vu la manière dont Hosni Moubarak le ménagea tout au long de son interminable règne, que Hodeïbi prêta une main secou-

1. Il faudrait expliquer pourquoi la France a employé sa veuve actuelle à son centre culturel du Caire, pendant vingt ans. Un signe de sympathie envers la confrérie sans aucun doute.

rable à la conspiration qui devait aboutir à l'assassinat de Sadate, en septembre 1981. Fidèle à sa ligne réformatrice et machiavélienne, Hodeïbi poussera d'ailleurs constamment le mouvement islamiste algérien des années 1990, avec lequel il dialoguait continuellement, à l'entente avec les forces les moins pro-occidentales de l'Etat algérien, engageant après son partisan local algérien Mahfoud Nahnah, les cadres de l'AIS, la branche armée du FIS, à se jeter dans les bras de Bouteflika. Il eût bien aimé en faire de même en Egypte, entre l'armée et la confrérie. Mais sans y parvenir entièrement, jusqu'à présent.

C'est ainsi que Moubarak remplaça Sadate avec l'approbation tacite de la confrérie, et commença à geler puis à remettre en cause les relations égypto-israéliennes, en développant délibérément, par ses plumitifs aux ordres, des campagnes de presse antisémites très systématiques. De son côté, son chef des services secrets, le général Omar Souleïman, commençait un long jeu du chat et de la souris, fait d'intimidations et de concessions réciproques, avec les Frères musulmans égyptiens comme palestiniens. Mais à bien des égards, la ligne Hodeïbi s'est révélée payante pour les islamistes, puisque le pouvoir prétendument laïque de l'Etat égyptien, sur le terrain, a bien vite cessé de combattre l'influence de l'islamisme dans la société égyptienne, puis entrepris à partir du milieu des années 1990 de censurer livres et films comme le ferait un régime intégriste véritable, pour finir par encourager le Fatah de Yasser Arafat et le Tanzim créé sur les instructions d'Arafat par Mohammed Barghouti dans la voie de la seconde Intifada, tout en rendant beaucoup moins automatique la protection traditionnelle que l'Etat égyptien, des khédives à Nasser, avait accordée aux chrétiens coptes. Les Frères musulmans auront donc, en vingt ans, obtenu beaucoup en renonçant à la violence ouverte. Ce succès stratégique relatif explique la faiblesse tout aussi relative des scissions extrémistes successives. Mais, en même temps, les chefs pragmatiques de la confrérie avaient tout de même beaucoup mécontenté certains de leurs jeunes militants qui avaient hâte d'en découdre avec l'ennemi juif et ses soutiens chrétiens au cœur de l'Egypte. L'exemple de Khomeyni les exaltait, bien que l'intégrisme iranien, né d'une branche théologique plus radicale du chiisme, ne pût parfaitement convenir à un mouvement qui se proclamait depuis son fondateur, Hassan Bannah, « salafiste », c'est-à-dire fidèle à la tradition sunnite de l'islam des ancêtres (Salaf), et par conséquent hostile à toute innovation doctrinale ou normative dans le corps de la loi islamique.

Au pôle opposé, la doctrine chiite classique suppose, tout au contraire, une légitimation de l'invention en matière légale : chaque docteur de la loi chiite, formé avec une grande intensité intellectuelle dans une école dirigée par un grand clerc (une haouza), est libre d'innover à son tour, dans son interprétation « ijtihad » de la « Charia », la Loi. Il n'y a donc pas de conciliation apparente possible entre le rigorisme légaliste sunnite de la grande faculté de théologie al-Azhar du Caire, véritable berceau intellectuel des Frères musulmans, et l'inventivité foisonnante des grands mojtahed (docteurs de la loi) chiites de Nadjaf (Irak) ou de Qôm (Iran), dont les conceptions, à la fin des années 1970, allaient en matière politique dans toutes les directions possibles : parlementarisme libéral du grand ayatollah iranien et azéri Chariat Madari et de son homologue et disciple irakien Khöyi, assassiné dès son retour à Bagdad par l'intégriste chiite irakien Moktada Sadr en 2003 ; socialisme démocratique et révolutionnaire de l'ayatollah Taleghani, idole de la jeunesse de Téhéran pendant la révolution de 1979-80, assassiné lui-même peu après par empoisonnement ; autoritarisme théocratique de diverses mouvances plus ou moins intégristes, dont celle de Khomeyni ; et aussi révolution conservatrice de certains courants plus favorables à la réconciliation avec le sunnisme arabe, ceux de Montazeri et surtout de Behechti, le maître tragiquement décédé en 1982 ainsi que nous le verrons, de l'actuel président Ahmadinedjad. Mais peu importe, à ce moment-là, cette muraille de séparation théologique d'avec le sunnisme, car, si la théorie rend parfois les choses difficiles, la volonté des hommes parvient souvent, au moins dans un premier temps, à lever certains obstacles.

Comme me l'avouèrent plusieurs interlocuteurs iraniens, non, souvent, sans regret autocritique, leur véritable culture politique, dans les années 1970, ne provenait plus de la théologie chiite classique qui les ennuyait et semblait conduire leurs maîtres à un certain quiétisme politique face au pouvoir du Chah, mais bien davantage, ils trouvaient leur inspiration chez des révolutionnaires arabes et du tiers-monde. Ceux qui partaient vers la gauche comme Ali Chariati, l'archange du chiisme révolutionnaire, mort peu avant la révolution, s'enthousiasmaient pour l'insurrection algérienne et les théories de la violence régénératrice de l'Antillais Frantz Fanon. Ceux, au contraire, qui restaient dans la mouvance anticommuniste sourcilleuse de la faculté de théologie de Qôm, découvraient, eux, le penseur de l'intégrisme égyptien Sayed Qotb (qui sera pendu par Nasser en 1961 sans avoir formellement appartenu à la confrérie qui dénonçait déjà ses vues comme trop extrêmes). Ce qui enthousiasmait les jeunes mollahs chiites de Qôm chez Qotb, qui après un séjour à l'université du Colorado au début des années 1950, avait entrepris de désintoxiquer la jeunesse égyptienne des influences américaines et de la sexualité permissive qu'elles propageaient, c'était un rejet radical de l'Occident, auquel les Frères musulmans orthodoxes s'étaient en partie refusés pour des considérations essentiellement tactiques : l'aide nécessaire que les Américains apportaient à la survie de l'Arabie Saoudite, grand arrière stratégique de tout l'islamisme arabe, et la priorité du combat contre le communisme et ses alliés nassériens et nationalistes révolutionnaires.

Le triomphe progressif de l'intégrisme populiste le plus violent, au sein d'une révolution iranienne initialement pluraliste, peut apparaître hélas comme la confirmation posthume de la justesse des intuitions de Qotb. Parmi celles-ci, la justification la plus élaborée de la nécessité d'une guerre civile régénératrice, au sein même de la société musulmane. C'est bien celle-ci qui bat aujourd'hui son plein, du Maroc au Pakistan, avec une radicalité que ne souhaitait pas le fondateur des Frères musulmans, Hassan Bannah, ni encore vraisemblablement son petit-fils et héritier Tariq Ramadan. Le petit noyau d'al-Qaïda s'est depuis lors branché sur une force sociale considérable, les partisans spontanés des théories de Qotb dans l'ensemble du monde de l'Islam. Qotb en effet, tout « salafiste » qu'il se pensât, introduisait une notion nouvelle dans l'Islam : celle d'« ennemi de l'intérieur ». Non sans acuité dans l'interprétation, Qotb soulignait à l'envi que l'Islam, qui semblait en ce début des années 1950 en proie à un irrémédiable déclin, était avant tout une forteresse que l'Occident avait soumise de l'intérieur. Les premiers traîtres constitués, les Jeunes-Turcs, n'avaient cessé de comploter contre le pouvoir légitime du sultan, puis, avec Mustapha Kémal, jeté à bas les restes pitoyables du califat en 1924. Les modernistes du monde arabe, leurs pâles imitateurs, n'avaient pas hésité à suivre des idéologues, bien souvent chrétiens ou musulmans hétérodoxes, dont le but avoué était de démanteler la Charia. Les élites envoyaient leur progéniture dans des institutions occidentales au Caire comme à Beyrouth, d'où elles ressortaient perdues pour l'Islam. Le Prophète, dans sa période de Médine, avait déjà désigné du doigt ces faux ou superficiels croyants, ces « mounafeghs » (hypocrites), prêts à la moindre crise à se rallier aux juifs, tels les kémalistes turcs ou les Hachémites d'Irak et de Jordanie, ou à retourner au paganisme (« jahilyah »), à la manière des baasistes de Damas et de Bagdad. Or, ce sont ces « faux musulmans » contemporains, l'ennemi principal du moment : seule la levée de l'oppression qu'ils incarnent permettra de restaurer l'Islam dans sa grandeur véritable.

Cette théorie était vouée à un retentissement important, là où l'oppression impérialiste de l'Occident avait été la moins tangible, la moins ressentie parce qu'usant de relais locaux, qu'il fallait donc dénoncer comme ses fantoches : dans l'Egypte qui constituait une monarchie semi-parlementaire plutôt débonnaire depuis 1924, en Iran dont l'indépendance fut restaurée par deux fois, en 1921, grâce à l'Union soviétique contre la Grande-Bretagne, en 1946 grâce cette fois aux Etats-Unis contre l'Union soviétique, en Arabie Saoudite enfin, dans les mains conjointes des Etats-Unis et de la Grande-Bretagne, derrière le voile de l'unité d'observance la plus stricte de la secte wahhabite. La doctrine de Qotb fit instantanément de nombreux adeptes, mécontents des pouvoirs locaux plus encore que de l'Occident lointain. Il faut en comprendre toute la portée, dont on mesure aujourd'hui sur le terrain les ravages terribles : si la doctrine de la guerre sainte, le jihad, est un résidu barbare à l'intérieur de la pensée musulmane, ce n'est que justice de reconnaître que son domaine d'application s'est sans cesse restreint sous la pression d'interprètes qui cherchaient à en adoucir le tranchant : on distingue d'abord le jihad défensif – obligatoire afin de préserver des terres déjà gagnées depuis longtemps à l'islam, tels aujourd'hui la Palestine et le Cachemire – du jihad offensif – la conquête militaire de nouveaux territoires encore non maîtrisés par l'islam, réservée celle-là à des adultes volontaires, et qui ne mènent pas eux-mêmes déjà le jihad défensif (ce qui explique la relative faiblesse des éléments palestiniens et cachemiris dans al-Qaïda, parce qu'ils sont déjà occupés par le combat qui se mène chez eux).

Enfin, les soufis mystiques et pacifistes introduisirent une métaphorisation progressive du jihad, son stade le plus noble devant correspondre à la lutte menée contre soi-même, les mauvais penchants hérités du paganisme, afin de se purifier du péché : c'était là « le grand jihad ». Avec Qotb et ses adeptes intégristes en nombre croissant, c'est au contraire à un élargissement, une inflation d'un jihad, tout à fait littéral, « le petit jihad », auquel l'on assiste pour la première fois. Car, dans la doctrine la plus généralement admise, le jihad ne peut jamais s'exercer contre d'autres musulmans. Lorsque ceux-ci s'affrontent, il s'agit au contraire d'un grand malheur, la « fitna », auquel il convient de mettre fin le plus vite possible – ce qui explique par exemple que les chiites aient pu survivre aux persécutions sporadiques dont ils furent l'objet pendant les huit premiers siècles de leur histoire, avant l'instauration d'un Etat purement chiite en Iran (précédé, il est vrai, par déjà près de deux siècles de califat fatimide chiite mais minoritaire en Egypte).

Désormais, ceux des musulmans « hypocrites » qui se mettent « au service de l'étranger » peuvent être combattus, au même titre que les non-musulmans dont ils ne seraient que le masque. Ils peuvent notamment être mis à mort, réduits en esclavage ou contraints par la force de revenir à la pratique souhaitable de l'Islam.

Les doctrines de Qotb ont été mises en œuvre

jusque dans leur détail : les fatwas prononcées par les religieux intégristes imbus de ces conceptions ont frappé Sadate en Egypte (même si le complot fut aussi ourdi de l'intérieur de l'Etat égyptien laïque), puis des centaines de fonctionnaires et d'hommes politiques dans l'Algérie des années 1990, des chiites minoritaires en Turquie (les Alévis), en Afghanistan (les Hazaras) et au Pakistan (à Karachi notamment). Pour finir, l'assassinat du général Ahmed Shah Massoud, exécution que Ben Laden considérait comme le « coup d'envoi » de sa campagne mondiale, leur est également imputable, à la veille du 11 septembre. Même des jeunes filles capturées par le GIA dans l'Algérie des années 1990, et aujourd'hui encore des musulmans africains au Darfour, ont été réduits en esclavage. Les textes fondateurs de l'intégrisme islamique contemporain l'autorisent, puisque le jihad ouvre la voie à toutes les pratiques violentes, dès lors qu'il est conçu dans sa littéralité. La Charia traditionnelle l'interdit encore.

Dans le cas irakien actuel, on est allé plus loin : l'ensemble de la communauté chiite, devenue appui essentiel des Etats-Unis, a été dénoncé dans des textes élaborés en Arabie Saoudite par l'entourage du ministre de l'Intérieur, le prince Nayef, comme n'appartenant pas à l'Islam... Selon ces polémiques, dont se réclamait le chef régional d'al-Qaïda pour l'Irak, Zarkaoui, les chiites seraient des juifs cachés, infiltrés dans l'islam par

Abdallah, le compagnon juif du Prophète, dans le seul but de faire imploser la nouvelle foi, de l'intérieur. On peut sourire de la bêtise fanatique de ces théories, contraires à l'histoire réelle, pas de leur application quotidienne à Bagdad comme à Karachi.

Mais si ces idées, qui furent originellement celles de Qotb, font aujourd'hui couler beaucoup de sang chiite, en 1979, à la chute du Chah, elles convenaient parfaitement à l'aile marchante de la révolution iranienne qui allait imposer à ses alliés d'un jour, laïques, nationalistes ou communistes, l'instauration de la République islamique, dans le sang des nombreux musulmans réputés frauduleux ou agents de la « jahiliya » (du « paganisme »).

De sorte qu'il nous faut prendre garde aux anachronismes : en 1980, à la veille de l'agression irakienne contre l'Iran, il n'y avait pas encore de fossé religieux entre sunnites arabes et chiites iraniens révolutionnaires. Les partisans de Khomeyni étaient farouchement attachés à l'alliance idéologique et politique avec la confrérie des Frères musulmans, tandis que tous les sympathisants sunnites de l'intégrisme, depuis le Maroc jusqu'à l'Indonésie, avaient les yeux tournés vers la divine surprise chiite venue de Téhéran.

Ainsi la scission progressive au sein des Frères musulmans égyptiens investit-elle rapidement ce terrain des rapports avec la révolution iranienne : une forte minorité militante sympathisait sans états d'âme avec Khomeyni, tandis que la majorité se montra de plus en plus réservée, jusqu'à soutenir, pour l'essentiel, l'Irak de Saddam Hussein contre l'Iran de Khomeyni, à partir du déclenchement de la guerre en 1980.

Mais ici, un train peut en cacher un autre : les conflits internes à la mollahcratie iranienne qui se mettait en place au même moment historique eurent aussi bientôt pour objet les rapports du nouvel Etat avec l'intégrisme en général, sunnite en particulier. Les deux récits, complexes dans leur détail, sont connus de tous les observateurs et spécialistes. Simplement, il me semble que l'on omet parfois de les relier en un tout cohérent, dont les effets se font encore sentir à présent, bien que leur origine remonte à la grande tempête de 1979-80, qui souffla de la Libye au Pakistan, avec un épicentre saoudien, l'occupation de la Kaaba de La Mecque par un groupe intégriste égypto-saoudien, issu d'une scission des Frères musulmans.

C'est le point d'orgue d'une période historique qui voit simultanément se dérouler l'assassinat de Sadate et l'échec de la paix égypto-israélienne de 1980 à 1982, ainsi que le développement autoritaire de la révolution islamiste iranienne.

Commencée donc par une divergence de stratégie chez les Frères musulmans égyptiens (1979-1982), la ligne de faille sunnite s'approfondit avec la radicalisation de la révolution iranienne et l'agression de Saddam de la fin de 1980. A cela, rien de purement spontané. Il s'agit au contraire de la défaite simultanée des amis des sunnites à Téhéran et des amis de Khomeyni au Caire. Le courant le plus réactionnaire de l'islamisme iranien, l'école Hodjatieh, prend initialement le dessus à Téhéran, dans le combat contre les musulmans libéraux et les musulmans socialisants, que Khomeyni, sous l'influence de son fils Ahmad, entendait encore ménager.

Le chef suprême des Hodjatieh, l'ayatollah Behechti, prône non seulement l'instauration sans délai de la République islamique régie par la Charia, mais aussi d'une sorte d'embryon de parti unique, le Parti de la République islamique, dont la structure centralisatrice est fortement inspirée de celle des Frères musulmans d'Egypte.

Là encore, rien de très étonnant : l'adjoint le plus proche de Behechti, l'hodjatoleslam (docteur de la loi) Bahonar [1], exilé en Irak sous le Chah, était devenu l'interlocuteur privilégié des Frères musulmans, eux-mêmes exilés en Arabie Saoudite ou au Qatar par Sadate. Véritable numéro deux du régime, Behechti voulait tout à la fois favoriser des soulèvements intégristes de soutien dans le monde musulman, mais arrêter dans le même

1. Son frère est encore d'ailleurs l'un des piliers de la politique d'Ahmadinedjad au parlement de Téhéran en 2009.

temps toute dynamique socialisante à l'intérieur de la société iranienne et régler par conséquent au plus vite, après 1980, la guerre qui ne faisait que commencer avec l'Irak, par crainte de l'instauration d'une sorte de « communisme de guerre ».

Cette triple politique – conservatrice à l'intérieur, révolutionnaire en apparence à l'extérieur, conciliante de facto avec l'ennemi irakien – le conduisait à ménager les pieux commerçants du Bazar qui le subventionnaient activement, sur le plan social, et à rechercher l'alliance de tous les ennemis des accords israélo-égyptiens sur le plan international, donc se réconcilier au plus vite avec tous les Arabes possibles, y compris les Saoudiens, en mettant fin au conflit avec l'Irak.

Sur le plan théologique enfin, Behechti laissait entendre que les divergences entre sunnites et chiites étaient devenues secondaires, et devaient être traitées au même titre que celles qui opposent encore les quatre grandes écoles de l'islam sunnite, le chiisme formant une sorte de cinquième école indépendante.

Pourtant, en 1979, deux ans auparavant, avec le déclenchement comme deux coups de tonnerre successifs de la prise d'otages de l'ambassade américaine en Iran et, quelques mois plus tard, de l'intervention militaire soviétique en Afghanistan, avait été introduite une différenciation définitive au sein de l'intégrisme, dont les conséquences se mesurent un quart de siècle plus tard dans les rues de Bagdad ou celles de Karachi. Le Moyen-Orient vit toujours les conséquences extrêmes de ces événements fondateurs : Ahmadinedjad faisait ainsi partie des kidnappeurs de Téhéran, certains chefs talibans combattent depuis 1979, d'abord les Soviétiques et aujourd'hui les Américains. Ces événements n'appartiennent pas encore au passé.

La prise d'otages de l'ambassade américaine de 1979 est le geste de défi au droit international et à l'ancienne puissance protectrice qui permet à Khomeyni de brûler ses vaisseaux. Celle-ci ne convient pas à tous les sociaux-démocrates cachés et les semi-libéraux discrets qui représentent encore une forte minorité éclairée au sein de l'Etat iranien et que l'opinion non révolutionnaire, puissante, aurait volontiers suivie. Mais elle ne convient pas non plus totalement à Behechti qui recherchait alors un partenariat avec le monde arabe dans son ensemble, y compris à terme avec l'Arabie Saoudite, plutôt que cette fuite en avant, dont il discerne que les premiers bénéficiaires en seront, au sein du pouvoir, tous ceux qui, avec le fils du Guide suprême, Ahmad Khomeyni, flirtent avec l'Union soviétique et le parti communiste local, le Toudeh. Le chef néo-stalinien de ce parti, Nouredinne Kianouri, est respecté par Khomeyni, en raison de ses antécédents familiaux, son grand-père ayant été un grand ayatollah réputé pour sa sévérité.

Dès cette époque, l'agitation menée chez les étudiants de Téhéran par le jeune militant Ahmadinedjad, aux fins que soit occupée également, et sans délais, l'ambassade soviétique, émane de Behechti et vise à contrecarrer le réalignement discrètement pro-soviétique du régime mécaniquement induit par son antiaméricanisme radical. Ce sera peine perdue.

Car au beau milieu de cette crise entrent en scène d'autres forces intégristes, qui font craindre un climat d'apocalypse dans toute la région.

Nous sommes, en cet automne 1979, parvenus à une date magique pour de nombreux intégristes messianiques, le début du XVe siècle de l'Hégire. Depuis déjà deux ans, un humble Saoudien, ancien militaire de la Garde nationale tribale, Jouhaïman Oteïbi, s'était mis en tête de constituer une véritable secte prophétique dont il était l'imprécateur, annonçant le retour du Mahdi et la fin des temps pour 1979, « l'appel pour la religion des ancêtres et le repentir », en arabe Takfir wa Hejrah. Sa cible principale était la monarchie des Saoud, qui avait sombré dans le paganisme (notamment en exhibant des portraits des monarques en public, contrevenant à l'interdit prophétique de la représentation humaine). Quasi analphabète mais charismatique, Oteïbi est manipulé par Abdallah Kahtani, un étudiant en théologie originaire de l'ancienne province yéménite du Assir, ayant rompu avec le conservatisme modéré de son maître le cheikh Ben Baz, devenu entre-temps le chef officiel des oulémas saoudiens. La dissidence saoudienne, si l'on fait abstraction de son folklore bédouin, très « couleur locale », est tout à fait parallèle à celle du mouvement égyptien du même nom Takfir wa Hejrah, en rupture avec les Frères musulmans. L'un de ses chefs, Mohammed Elyas, va ainsi s'associer à Jouhaïman Oteïbi et Abdallah Kahtani pour conspirer à la prise d'assaut de la Kaaba de La Mecque, provoquant une secousse sans précédent de l'Etat saoudien, et une onde de choc considérable pour tout le monde musulman.

Des manifestants islamistes pakistanais attaquent peu après l'ambassade et le consulat américains, à Islamabad et à Karachi. Kadhafi se manifeste dans le même sens à Tripoli. Quelques semaines plus tard – fin 1979 – c'est l'invasion soviétique de l'Afghanistan, qui aboutit, certes sans ménagement aucun, à l'abolition d'un régime communiste local honni par la population et en délicatesse avec l'Union soviétique, mais pour le remplacer instantanément par un autre, plus modéré dans les méthodes anti-insurrectionnelles, mais inféodé au communisme brejnévien de Moscou, celui de Babrak Karmal.

On ne sait toujours pas à ce jour si l'opération de La Mecque a eu des instigateurs cachés, parvenus à manipuler les deux naïfs millénaristes qu'étaient Oteïbi et Kahtani. Coïncidence troublante : les *Sept Epîtres* incendiaires et confuses d'Oteïbi avaient été publiées, fin 1977, par la maison d'édition Dar al-Talia, propriété du Baas irakien de Saddam Hussein, à Koweït...

Il semblerait que, à travers Takfir wa Hejra en Egypte, qu'ils connaissaient parfaitement, les tout jeunes services secrets de la République islamique de Khomeyni fussent eux aussi parvenus à manipuler les naïfs terroristes, qui intéressaient tout ceux qui voulaient, à ce moment-là, affaiblir le royaume des lieux saints, principal allié régional des Etats-Unis, depuis la chute du Chah. Au reste, le 25 novembre 1979, date de la grande fête chiite de l'Achoura, entrent en scène, en pleine crise de la Kaaba, des chiites saoudiens du Hasa, la province côtière et pétrolière, qui manifestent sous l'instigation directe de Téhéran dans les villes de Safwa et Katif. Les slogans principaux – « Ni sunnites, ni chiites, mais pour la lutte, un seul Islam » – n'impressionnent pas les gardes nationaux saoudiens qui tirent sur la foule, tuant quelques dizaines de manifestants.

La convergence des deux intégrismes fait long feu. Mais même le parti communiste saoudien, clandestin et très majoritairement chiite, qui cherche alors les faveurs de Khomeyni, passe, sous l'impulsion du KGB, un communiqué de soutien à Oteïbi. Les deux instigateurs de l'insurrection manquée des chiites saoudiens, l'ayatollah Modaressi et le prédicateur Hassan Safar, réfugiés tous les deux à Koweït, sont d'ailleurs deux agents patentés de Téhéran. Neuf mois plus tard, presque jour pour jour, Sadate sera assassiné par le lieutenant Islambouli, qui appartenait lui aussi à la même mouvance Takfir wa Hejra. Certes, les Egyptiens de Takfir sont, au terme de leur course au Soudan où ils s'étaient réfugiés, tombés dans l'escarcelle des pasdarans iraniens ; ces derniers les utilisèrent même, à Khartoum, pour ourdir un attentat contre Oussama Ben Laden, à peine arrivé d'Arabie Saoudite en 1996. Mais ce fut tout de même al-Qaïda qui, après 1997, récupéra le gros de la troupe : les Egyptiens amis du martyr Mohammed Elyas, de l'attaque de la Kaaba, le frère du lieutenant Islambouli, Mohammed Islambouli, aujourd'hui encore actif dans les zones tribales du Pakistan, et le prédicateur Amir Souleiman Sakr finirent par rejoindre Ben Laden, bientôt secondé par Zawahiri. Disciple de Sakr, l'imam palestinien Abu Mohammed Makdisi, en prison depuis 1995 en Jordanie pour avoir tenté d'assassiner toute la famille royale, eut comme principal disciple le jeune gangster Abou Moussab Zarkaoui, qui finit par diriger al-Qaïda en Irak... Il y a donc une filiation lointaine, pas seulement symbolique, entre le sacrifice d'Oteïbi et la naissance, peu après, d'al-Qaïda, même si alors le mouvement de Ben Laden prônait la fidélité à la dynastie des Saoud ainsi qu'à l'autorité du cheikh Ben Baz, chef des oulémas du royaume. Mais les contacts troubles de ce premier mouvement égypto-saoudien de « Primitifs de la révolte » pointent aussi en direction de l'aide terroriste de la Révolution iranienne, qui tenta de l'épauler : une des principales artères de Téhéran ne porte-t-elle pas le nom d'Islambouli, l'assassin de Sadate ?

Ici le premier acte symbolique de la Révolution islamique ressemble beaucoup à une prémonition de l'acte ultime qui s'ouvre en ce moment même en 2009, avec Ahmadinedjad.

Quoi qu'il en soit, un an après la victoire de la Révolution islamique, début 1980, le débat stratégique s'ouvre pour de bon à Téhéran : Behechti veut combattre l'envahisseur soviétique d'une terre musulmane, l'Afghanistan, et pour cela relativiser l'affrontement avec les Etats-Unis, en libérant rapidement les otages de l'ambassade. Il rejoint ainsi le point de vue des réformistes semi-démocratiques, groupés autour du futur et éphémère président Banisadr, qui souhaitait une trêve avec les Etats-Unis et une consolidation intérieure plutôt libérale, ni antiaméricaine, ni antisoviétique.

Au même moment, l'Arabie Saoudite, sous le choc d'une invasion qui menace très directement son principal allié, le Pakistan, lance un appel général à la guerre sainte antisoviétique, auquel les Frères musulmans répondent avec enthousiasme, où qu'ils se trouvent. C'est dans ce contexte qu'apparaît le précurseur immédiat d'al-Qaïda, tout à la fois engagé dans la lutte contre l'Union soviétique et les maîtres chiites de l'Iran, qui semblent se faire les complices indifférents de la ruine de l'Afghanistan.

C'est ici aussi que Hachemi Rafsandjani, alors le principal conseiller de Khomeyni, ouvre la voie à une troisième solution, qui évite de rendre trop tôt les otages à Washington, tout en refusant, en matière afghane, l'alignement sur le jihad des Saoudiens et des Frères musulmans. Les Soviétiques ont-ils délibérément encouragé la prise d'otages de l'ambassade américaine de Téhéran du début de 1979, pour mieux préparer leur offensive afghane, et empêcher ainsi toute convergence pragmatique d'intérêts entre Américains et Iraniens ? La question demeure légitime. Mais ce machiavélisme de grand style, que l'on prête volontiers à Rafsandjani, qui avait déjà été l'allié tacite de Moscou au début de la révolution un an et demi plus tôt, n'est que partiellement exact, car nous savons aujourd'hui beaucoup de choses qui proviennent de témoignages américains, iraniens, russes ainsi que des mémoires d'un défecteur du KGB de l'ambassade de Téhéran, Sergueï Bokhan. Il semble bien que la décision de prendre en otages les diplomates américains a été prise par les Iraniens seuls, en 1979, dans l'entourage proche de Khomeyni, et menée à bien par l'homme que le Guide désigne pour diriger et unifier ses foisonnants services secrets, Hachemi Rafsandjani. Elle surprend totalement Moscou. Mais elle est vite appuyée par la gauche pro-soviétique iranienne qui se réclame avec opportunisme « de la ligne de l'imam ». Celle-ci rassemble alors le parti communiste (Toudeh) et ses alliés proches, « fedayins dits majoritaires » issus de la lutte armée nationaliste révolutionnaire contre le Chah, et Kurdes inféodés de Boulourian, ainsi que le courant socialisant de la mollahcratie dont font partie alors les frères Khatami, futurs créateurs du progressisme libéral, ou encore le fils du Guide, Ahmad Khomeyni. On trouve surtout, au beau milieu de tout cela, un étrange mollah azéri, Moussavi-Koheiniha, dont le père avait été un leader séparatiste et communiste de l'Azerbaïdjan iranien dans les années 1940, puis longtemps exilé à Bakou, en Union soviétique.

Mais à aucun moment, ce groupe pro-soviétique qui travaille la main dans la main avec le résident du KGB, Léonid Chebarchine [1], ne dirige les opérations. Il ne fait que les suivre. Bien au contraire, Moscou craint que, les choses s'éternisant, la situation ne se dégrade trop vite : les libéraux occidentalistes sont alliés avec la gauche antisoviétique de Banisadr et peuvent à tout moment reprendre l'initiative, car ils deviennent alors de plus en plus populaires, dans un pays

1. Lequel deviendra l'éphémère chef du premier directorat du KGB en 1989, et participera au putsch de 1991 contre Gorbatchev.

apeuré par la crainte d'une guerre avec l'Amérique. De leur côté, les « hodjatiehs » qui laissent faire, en apparence, souhaitent étendre la prise d'otages à l'ambassade soviétique, qui évacue alors plus de la moitié de son personnel et détruit préventivement ses archives...

Il y a donc sympathie de circonstance, mais nullement complicité de Khomeyni et des Soviétiques. Et si ces derniers, ou plutôt une fraction d'entre eux, les pro-terroristes, partisans d'une alliance stratégique avec la Syrie de Hafez Assad, ont sans doute encouragé Kadhafi à attaquer l'ambassade américaine à Tripoli, en octobre 1979, ils n'ont en revanche aucune part dans les provocations qui ont lieu simultanément au Pakistan : là, les instigateurs proviennent des réseaux islamistes, qui sont dans la main des services secrets pakistanais, et qui pensent ainsi venir en aide à une révolution iranienne qui ne leur déplaît pas encore, pour des raisons qui ont déjà aussi à voir avec les ambitions nucléaires conjointes des deux Etats, Iran et Pakistan.

Mais il est évident que le régime islamiste iranien ne peut pratiquer l'équidistance qu'il souhaitait maintenir dans sa propagande, entre Washington et Moscou. L'option des Hodjatiehs – rapprochement avec les Frères musulmans et l'Arabie Saoudite – est désormais caduque. Le jihad global n'aura pas lieu.

Dès lors, les événements se précipitent... comme dans une fin de partie aux échecs : l'Iran se retire du jihad afghan, négociant deux ans plus tard une véritable autonomie pour les montagnards chiites hazaras d'Afghanistan, dont les villages, à des altitudes improbables, se couvrent de portraits de Khomeyni et accueillent des instructeurs iraniens, auxquels Soviétiques et communistes afghans n'opposent aucun obstacle.

De leur côté, les Saoudiens resserrent leur alliance avec des généraux pakistanais de plus en plus intégristes qui supplicient l'ancien président de gauche Zulfikar Ali Bhutto, qui fut, en bon chiite, l'allié géopolitique du Chah, mais en réalité de tout Etat iranien constitué. Les Saoudiens font mine d'accepter la contribution enthousiaste d'Anouar Sadate à la nouvelle guerre antisoviétique qui se prépare, mais ils ont déjà financé son élimination physique, au profit d'un Hosni Moubarak qui leur ouvrira les portes de l'Egypte.

Mais il reste à Téhéran, surtout après la démission et la fuite du président libéral Banisadr, des partisans convaincus d'une grande alliance islamiste, prête à se substituer aux régimes laïques du Caire, de Damas, et de Bagdad : Behechti et ses amis, notamment le nouveau chef des Gardiens de la Révolution, Rezaï, qui remplace peu de temps, avant son meurtre, Banisadr à la présidence de la République, ou encore le docteur Bahonar, déjà évoqué, l'homme de confiance des négociations avec les islamistes arabes depuis quinze ans. Ou encore l'ayatollah Mezbah Yazdi, le maître spirituel d'Ahmadinedjad. Mais tout cela ne dure pas longtemps : les Moudjahidine du peuple, islamo-marxistes, ont déjà été mis hors la loi, et multiplient dès lors les actions violentes sporadiques contre le régime, notamment à Téhéran. Une réunion importante doit se tenir dans ce contexte très tendu au début de 1982, au siège du Parti de la République islamique, pour discuter de l'orientation stratégique à suivre (guerre avec l'Irak, instauration du parti unique, lutte contre l'opposition intérieure). C'est alors qu'on appelle le docteur Bahonar, le bras droit de Behechti, au téléphone. On ne saura jamais qui voulait le joindre puisque, sans doute au signal donné par la sonnerie de l'appareil, une bombe de forte puissance fait exploser le siège du parti. Behechti et Bahonar sont tués sur le coup. Des dignitaires actuels de l'Iran en resteront mutilés : l'actuel guide Khamenei a conservé une raideur douloureuse proche de la paralysie au bras gauche ; celui qui fut longtemps ambassadeur et proconsul à Damas et le grand patron de facto du Hezbollah libanais, encore aujourd'hui, Hossein Mohtachemi, sera, lui, amputé du bras droit. La propagande du régime parlera de soixante-douze martyrs, qu'elle voudra inscrire au panthéon de la sainteté chiite, mais cet enterrement de première classe marque aussi le grand tournant de la révolution iranienne...

Rafsandjani, qui guerroyait chaque jour avec Behechti, devait bénéficier d'une protection divine élargie, car il arriva sur les lieux avec un providentiel quart d'heure de retard. Quelques mois plus tard, et voici que Rezaï, le dernier représentant institutionnel de la droite hodjatieh, qui, en tant que président de la République, est le second personnage de l'Etat, après Khomeyni, est à son tour « abattu par les terroristes ». Les Moudjahidine ont bon dos : jamais plus, jusqu'à 2002, ils n'auront la capacité de frapper si haut. Ils nient aujourd'hui leur implication dans l'explosion du siège du Parti de la République islamique et l'assassinat de Rezaï.

Quoi qu'il en soit, Rafsandjani devient ainsi, en 1982, avec l'aval de Khomeyni, le patron incontesté de la politique étrangère et des services secrets de l'Iran, équilibré néanmoins sur le plan intérieur par le très conservateur ayatollah Montazeri qui reprend, avec plus d'hésitations que Behechti, l'idée du rapprochement avec les intégristes sunnites. Pour l'instant, toutefois, l'accès de Rafsandjani au pouvoir signifie la guerre à outrance avec Saddam, mais aussi avec une Arabie Saoudite qui, tout en soutenant l'Irak, n'était pas fâchée jusqu'alors de l'affaiblissement des baasistes de Bagdad et qui perd en Behechti son dernier interlocuteur en Iran. Le concept d'une unité retrouvée de tous les musulmans « contre les juifs et les Croisés » a ainsi volé en éclats, laissant face à face un centre sunnite égypto-saoudien et un centre chiite iranien, de moins en moins à l'unisson. Cette contradiction n'est toujours pas résorbée. C'est aussi le triomphe de la ligne « politique », antiarabe et antisunnite de Rafsandjani et d'Ahmad Khomeyni, le fils du Guide, sur celle pro-sunnite et pro-Frères musulmans des maîtres d'Ahmadinedjad. Nous en retrouvons plus que la cicatrice dans l'Iran actuel. Un quart de siècle plus tard, les deux même hommes, Rafsandjani et Ahmadinedjad, versés dans l'histoire subversive de la République islamique, s'affrontent toujours, avec en toile de fond les décombres de l'Irak de Saddam. On peut même parler ici d'acte final de l'opposition fondamentale qui court au cœur de la révolution de Khomeyni : doivent triompher, à brève échéance, ou bien un Iran grande puissance laïcisée, ayant normalisé ses relations avec l'Occident ; ou bien un islamisme chiite ayant rejoint al-Qaïda et le sunnisme révolutionnaire pour mener le jihad nucléarisé, avec l'aide des militaires pakistanais et des capitaux flottants saoudiens, soit, en clair, la catastrophe planétaire.

Vers le « monde à l'envers »

Côté chiite, l'intégrisme a donc basculé à gauche depuis 1982 : Rafsandjani aidera constamment les Soviétiques à se maintenir en Afghanistan d'abord, à s'en dégager ensuite, tout en ayant un court instant caressé l'idée de renforcer l'indépendance de l'Iran en ménageant des négociations secrètes et limitées avec les Etats-Unis et Israël, lesquelles déboucheront sur le double fiasco de l'Irangate.

Mieux, lorsque, après la mort de Khomeyni, Rafsandjani aura les coudées beaucoup plus franches encore, il n'hésitera pas à s'entendre très étroitement avec Gorbatchev, sur la base d'une égale crainte de Moscou et de Téhéran de voir émerger de la crise territoriale de l'Union soviétique un Azerbaïdjan indépendant à Bakou, et, pourquoi pas un jour, réunifié avec celui, iranien, de Tabriz. C'est ainsi que Rafsandjani allait figurer sur une tribune avec Gorbatchev à Bakou, en 1990, exhortant la foule à demeurer fidèle à l'unité de l'Union soviétique, quand, à quelques kilomètres de là, sur la frontière officielle, Azéris soviétiques et Azéris iraniens arrachaient furieusement les bornes-frontière, symboles d'une longue et arbitraire séparation. Les accords secrets Gorbatchev-Rafsandjani seront passés la dernière année de vie de l'Union soviétique (1990). Aux termes de ceux-ci, l'Iran fera tous ses efforts pour protéger l'intégrité de son voisin du Nord et y contrecarrer les tentatives séparatistes, encouragées par les Turcs et leurs soutiens américains. De son côté, l'Union soviétique s'engagera à transmettre à l'Iran les technologies nucléaires les plus avancées en matière civile, en reconstituant puis en doublant la centrale de Bouchehr, dont la France avait, sous le Chah, jeté les premières bases. La Russie d'Eltsine, puis de Poutine, demeurera fidèle aux engagements de Gorbatchev, d'autant plus que l'industrie nucléaire russe, appauvrie et stupidement négligée par l'Occident, verra bientôt dans le contrat iranien le ballon d'oxygène financier dont elle a cruellement besoin.

Pour le reste, Iraniens et Soviétiques ont presque constamment coopéré pour maintenir sur pied l'Etat laïque syrien de Hafez Assad, Rafsandjani imposant à un Hezbollah libanais d'abord réticent une alliance totale avec Damas qui verrouillait le Liban pour quinze ans. Avec l'effondrement de Moscou, c'est l'Iran qui a peu à peu substitué sa garantie économique et militaire à une Syrie très isolée. Seul l'ayatollah Montazeri, à la veille de la mort de Khomeyni, tentera de mettre fin à la politique de Rafsandjani, en faisant organiser par ses partisans une spectaculaire arrestation de l'ambassadeur de Syrie à Téhéran, sous prétexte de conduite en état d'ivresse, laquelle lui vaudra la peine du fouet, malgré son immunité diplomatique. Le succès de la droite populiste fut pourtant de courte durée : Rafsandjani parvint à la mort du Guide à imposer comme successeur, avec Ali Khamenei, une sorte de curé de province ignorantin (on lui fait d'ailleurs passer des examens complémentaires de théologie, encore maintenant), certes plus à droite que le président de la République en titre qu'il était toujours, mais désireux pourtant de conserver un équilibre des pouvoirs qui sanctuarise l'unité de la révolution islamique iranienne. Montazeri était bientôt écarté et assigné à résidence. On en resta là jusqu'aux élections surprise de 1997 remportées par les nouveaux libéraux islamiques de Khatami.

Symétriquement, l'intégrisme sunnite aura, lui, basculé franchement à droite. Une fois Sadate assassiné et un véritable processus de paix israélo-arabe écarté pour un temps certain, les Frères musulmans, toutes tendances confondues, accepteront sans trop d'états d'âme, une alliance, non sans arrière-pensées, de l'Egypte avec les Etats-Unis, au nom du jihad afghan. C'est l'heure où, sans états d'âme particuliers non plus, la CIA va ouvrir grandes les portes de ses infrastructures clandestines aux islamistes volontaires, un peu partout dans le monde. Cette politique reprenait et amplifiait l'approche de la vieille CIA antisémite et pétrolière des années 1950. Jamais la presse américaine, le lobby pro-israélien AIPAC, les alliés plus prudents des Etats-Unis sur le terrain, n'auraient dû accepter si facilement l'ampleur de la coopération ainsi établie, dont al-Qaïda sera initialement un surgeon.

Cette politique aveugle ne s'explique pas par quelque sombre complot, où les hommes de Langley auraient réchauffé – et pourquoi pas manipulé ? – Ben Laden en leur sein depuis le début, mais tout simplement par un contexte historique que nous avons omis volontairement de rappeler jusqu'ici, et sur lequel il nous faut à présent revenir.

Ronald Reagan est élu nettement en 1980, contre l'équipe velléitaire et faiblement intelligente de Jimmy Carter, en pleine crise des otages à Téhéran et d'invasion de l'Afghanistan par l'armée soviétique. Le rapprochement soviéto-iranien va devenir palpable sur le terrain. Il règne dès lors en Occident un très large consensus pour infliger un coup d'arrêt sérieux à l'expansionnisme de Moscou que l'on croit encore symptôme de puissance éclatante. On saura un peu plus tard qu'il n'en est rien, que l'agressivité accrue de Moscou révèle au contraire panique devant l'avenir et impuissance avancée en matière de politique internationale. Mais dans le nouveau consensus que

Reagan va orchestrer avec Margaret Thatcher et Deng Xiaoping, le jihad afghan et la cooptation, à titre de riposte, de l'islamisme combattant ne forment qu'un élément, relativement secondaire, d'une stratégie globale qui repose sur quatre véritables options beaucoup plus essentielles. Il s'agit :

— D'infliger une défaite stratégique au pacifisme européen, dont le centre est en Allemagne, et, pour commencer, de faire tomber le chancelier social-démocrate Helmut Schmidt. Ce sera fait en 1982.

— De préserver l'agitation démocratique en Pologne, au flanc ouest de l'Union soviétique. Ce sera accompli peu à peu, de 1980 à 1985.

— De confirmer une alliance solide avec les communistes réformateurs chinois, dont le renforcement du Pakistan face à l'Inde est l'une des pierres de touche. L'accord sera réalisé dès 1981 avec Deng Xiaoping.

— De réaliser, de la bombe à neutrons à la guerre de l'espace, de grandes percées technologiques de nature à essouffler la puissance militaire-industrielle de Moscou. Cela commence même, sous Carter, en 1980.

La force de ce consensus, en Europe, en Chine, au Japon et même dans une gauche du monde développé où l'image de l'Union soviétique n'a jamais été aussi ternie, rend acceptables les audaces les moins fondées de l'administration Reagan en matière de collusion avec l'islamisme radical sunnite. Pour Israël qui, seul, aurait pu s'y opposer dans l'opinion publique américaine, les priorités sont aussi bien autres :

— tenir en respect l'OLP de Yasser Arafat qui s'est alors établie en Etat quasiment séparé au Sud-Liban, et a approuvé, elle, l'intervention soviétique en Afghanistan pour ne pas perdre le précieux soutien de Moscou ;

— se préparer à une confrontation armée avec une Syrie qui disposait, à l'époque, d'autant de chars que les forces non soviétiques du pacte de Varsovie rassemblées, de la Pologne à la Bulgarie ;

— contraindre une Union soviétique qui tend à nouveau, dans un accès d'antisionisme de principe, à interdire, même au compte-gouttes, le processus d'émigration des juifs soviétiques. Cela fait maintenant un certain temps que l'Etat hébreu admet, au nom de cet ordre de priorité, sans plus trop les craindre, les flirts poussés de la CIA et du Pentagone avec la mouvance islamo-saoudienne. La menace stratégique d'alors, pour Israël, repose en effet en priorité sur un rapport d'entente à long terme entre le communisme soviétique et le nationalisme arabe fondé par Nasser et le parti Baas, et les imprécations islamistes ne sont guère prises avec le sérieux qui conviendrait. Mieux, le Shin Beth, le service de sécurité intérieur, ira, à cette époque, proposer au Hamas palestinien, qui émerge peu à peu à Gaza, un rapprochement sur le dos de l'OLP d'Arafat, sorte d'équivalent microcosmique de la grande alliance régionale Etats-Unis-Arabie Saoudite-Pakistan, effective avec des hauts et des bas depuis le début des années 1950, et qui se prolongera jusqu'à la fin de l'Union soviétique, en 1991.

Mais il manque une dernière pièce au puzzle : Saddam Hussein. Le dictateur irakien, dès cette époque, aura été un relatif inclassable. Ce militant extrêmement violent du Baas s'est aussi toujours manifesté, malgré une idolâtrie personnelle pour la vie et les méthodes de Staline, comme un ennemi juré du communisme, puissant il est vrai en Irak dans les années 1950 et 1960, et un partisan avéré du rééquilibrage positif des relations de son pays avec l'Occident. Nixon et Pompidou étaient tombés d'accord au début des années 1970 pour détacher, tant que faire se pouvait, le Baas irakien de son alliance externe avec l'Union soviétique, laquelle contrastait déjà avec la fermeté anticommuniste de l'ordre intérieur de l'Irak, très répressif, nationaliste et relativement pro-occidental.

Valéry Giscard d'Estaing, toujours avec la bénédiction discrète de Washington, y parvint presque entièrement, en accordant à l'Irak, à partir de 1975, un partage de technologies nucléaires civiles, avec la construction de la centrale Osirak, qui fait pendant au programme nucléaire iranien de l'époque, développé lui aussi par la France avec l'usine Eurodif, mais sans doute ici en coopération initiale avec Israël, et avec le même feu vert de Washington. Là encore, seul le contexte ahurissant de la guerre froide explique pareilles folies de l'administration Reagan : on méprise les capacités scientifiques de Téhéran et de Bagdad à transformer une initiation nucléaire civile en un programme militaire, espérant bien contrôler toute l'affaire dans des limites acceptables, tandis qu'on surestime la force symbolique de cette aide technologique pour détacher de manière définitive un Etat clef de la région, l'Irak, d'une alliance soviétique, dont il ne reste pourtant déjà en 1970-75 que des vestiges en matière d'armements terrestres. Il est vrai que toute cette fuite en avant, notamment française, se déroule après le premier choc pétrolier de 1973, où les Occidentaux ont vu surtout, médusés, le Chah d'Iran organiser le véritable « casse du siècle », avec une augmentation du prix du brut d'environ 160 % en trois ans par le nouveau cartel de l'OPEP, dont les Saoudiens n'avaient pas prévu l'ampleur ni souhaité jusqu'au bout la réalisation. C'est à partir de cette date qu'un autre consensus, le plus discret de tous, unit Américains, Britanniques et Français dans une stratégie d'affaiblissement progressif et clandestin de la puissance iranienne, laquelle conduit à la grande politique irakienne de la France ainsi qu'à l'asile accordé complaisamment au début de la révolution de Téhéran à l'ayatollah Khomeyni à Neauphle-le-Château, en toute entente avec les Etats-Unis. Le jeu de cette carte irakienne, qui ne provoque pour l'instant l'opposition d'aucun Etat important de l'Occident dans une quelconque querelle doctrinale, semble, un court moment, mal parti, quand le chef de l'Etat, de l'armée et du Baas, le maréchal Hassan Bakr, entreprend à partir de 1978 contre « la grande trahison » de l'Egypte de Sadate et aux applaudissements de Moscou, un rapprochement spectaculaire avec les frères ennemis du Baas syrien, avec lesquels les rapports avaient été exécrables depuis 1965 environ. Les circonstances paraissent prometteuses, et Moscou (ou du moins la fraction pro-terroriste du KGB) envisage d'un bon œil cette prise de distance des Irakiens d'avec leurs partenaires français. Mais peu importent ces fausses espérances, car pendant l'été 1979, les choses se tendent irrémédiablement au sein de la direction du Baas irakien. Une minorité, où se retrouvent, entre autres, les principaux cadres chiites demeurés dans le parti, malgré des vagues d'épuration antireligieuses, veut accélérer l'union avec la Syrie, et le rapprochement avec la révolution islamique iranienne. Peut-être même Assad accepte-t-il depuis Damas de prêter main forte à une sédition armée dirigée contre l'appareil secret du Baas irakien, que dirige Saddam Hussein, le plus opposé à la nouvelle alliance. Quoi qu'il en soit, en août 1979, cette minorité est purement et simplement décapitée et l'alliance syro-irakienne, souhaitée par Moscou en contrepoids à l'alliance américaine de l'Egypte de Sadate, interrompue sine die... Discrédité, le maréchal Bakr part à la retraite. Alors que les dirigeants irakiens s'inquiètent de plus en plus du visage intégriste et agressivement chiite que prend la révolution iranienne à leur porte, Saddam Hussein, le chef de l'appareil sécuritaire et jusqu'alors numéro deux du régime, apparaît comme le sauveur d'un Irak indépendant de l'alliance soviétique et de la Syrie, et en voie de rapprochement, grâce à la France, avec les Etats-Unis.

Plus proche de cette analyse complaisante de la politique irakienne que le gouvernement israélien du Likoud, Shimon Peres fera même part de son opposition personnelle à toute entreprise de bombardement d'Osirak, voulue et menée à bien par l'énergie indomptable de Menahem Begin, fin 1981, appuyé ici au sein du gouvernement israélien par le seul Ariel Sharon. Mais à cette fausse note israélienne près, accueillie avec rage à Bagdad, la stratégie du rapprochement avec l'Occident, qu'inspire le grand vizir catholique chaldéen Tarik Aziz, bat son plein : au Sud-Yémen, bientôt au Liban, les réseaux du Baas irakien commencent à jouer à plein avec Français et Américains (mais pas les Anglais dont Saddam craint les sympathies rémanentes pour l'Iran). Il est impensable que Saddam Hussein ait obtenu, et même discuté avec les émissaires de Washington, un feu vert pour lancer une guerre d'agression contre l'Iran, au moment de plus grande tension de sa crise révolutionnaire, fin 1980. Mais à tout le moins, le parti Baas irakien aura pu analyser qu'il jouit désormais d'une vaste sympathie à l'Ouest, s'il tourne ses armes, bien huilées par le second choc pétrolier, cette fois-ci, contre les mollahs de Téhéran.

La France, qui a gelé toute sa coopération militaire avec l'Iran (essentiellement la centrale Eurodif) depuis la chute du Chah, et combat les chiites du mouvement Amal au Liban [1], est la plus enthousiaste : Claude Cheysson, le premier ministre des Relations extérieures de Mitterrand, fera taire tout doute dans les rangs, quand il arrive au Quai d'Orsay, quelques mois après le déclenchement de l'agression irakienne, couvée, avant lui, avec dévouement par le chef des services secrets de Pompidou puis de Giscard, Alexandre de Marenches, lequel deviendra, après son départ du service en 1981, conseiller rémunéré de Saddam Hussein pour les questions de sécurité. Mais aux

1. Avant qu'une scission plus radicale ne fasse émerger un « parti de Dieu », le Hezbollah, plus lié encore à Téhéran, à la fin des années 1980, non sans frottement avec un Amal recentré vers l'alliance syrienne.

Etats-Unis, qui brûlent d'une revanche sur les preneurs d'otages de Téhéran, la satisfaction n'est pas moindre : dans un jeu de guerre électronique réparateur, une unité spéciale américaine avait déjà fait s'écraser sur une montagne voisine tout l'état-major iranien en inspection dans la région Sud-Ouest, pétrolière, du pays, le Khouzistan, sans qu'il demeure un seul survivant de l'avion, tout juste quelques mois après l'avènement de Reagan et la libération des otages. Une coopération discrète, en matière militaire et de renseignement, se met très vite en place entre Bagdad et Washington, dès le début de la guerre, à l'automne 1980.

A présent, Saddam se croit près de triompher face à l'Iran, avec le consensus international. Pourtant, il va résulter de cet acte d'agression prémédité, que rien évidemment ne peut justifier en droit international, une série ininterrompue de catastrophes, dont certaines se déclencheront au terme d'une mèche très lente. La guerre prolongée volontairement par Khomeyni, et surtout Rafsandjani qui y voit un puissant instrument de politique intérieure, après les premières victoires spectaculaires de l'armée iranienne de 1981-82, aura d'abord pour conséquence, entièrement délibérée, l'élimination brutale de toutes les forces démocratiques ou semi-démocratiques en Iran, à la seule exception, pendant un temps, des communistes, garants et otages du soutien initial de

Moscou. Il faudra près de quinze ans de luttes sourdes et complexes à Téhéran pour que le peuple iranien récupère, à partir de 1997, peu à peu, une partie des libertés, remises en vigueur à la chute du Chah et abolies presque entièrement dans le climat de ferveur patriotique créé par la guerre. Côté irakien, la répression n'est pas moins féroce. Contrairement aux vignettes répandues complaisamment dans la presse française par le lobby pro-irakien dirigé par le triumvirat Cheysson-Marenches-Garaudy, il n'est pas vrai du tout que les chiites irakiens soient partis la fleur au fusil combattre leurs frères iraniens : en témoignent l'ampleur de l'émigration irakienne, essentiellement chiite et kurde, tout au long des huit ans de la guerre (près de 8 % de la population) et l'exil en Iran de plusieurs figures politiques importantes du chiisme que l'on a vu réapparaître en 2003 (les trois Premiers ministres successifs, Alaoui, Ibrahimi, Maliki), le départ volontaire du plus important ayatollah de Nadjaf, Khoyï, à Londres, et de ses rivaux plus révolutionnaires, les frères Hakim, à Téhéran, ainsi que l'arrestation d'un des plus importants ingénieurs du programme nucléaire irakien, le professeur Sharestani, soupçonné à juste titre d'irrédentisme chiite : ne sera-t-il pas libéré de sa prison, près de Bagdad, par une spectaculaire action commando des services spéciaux iraniens, en 1991, et ne passera-t-il pas la décennie suivante à développer le programme nucléaire iranien, avant de revenir à Bagdad après la victoire américaine pour y siéger au gouvernement? Quant aux simples soldats de cette guerre des tranchées, c'est par dizaine de milliers qu'ils lèveront crosse en l'air quand ils le pourront, malgré leur encadrement d'officiers exclusivement sunnites, leur insertion dans des régiments le plus souvent mixtes, et la mise en place, méthode stalinienne très appréciée de Saddam, de barrages de la garde républicaine chargée de fusiller impitoyablement les fuyards, derrière le front. A ce prix, l'Irak saddamiste survécut à la crise militaire et morale de 1981-82, et grâce aux aides, française (les Exocet chargés sur des Mirage irakiens, pilotés eux-mêmes par des officiers français) et américaine (munitions et électronique), retournera progressivement la situation sur le front, à son relatif profit.

Ainsi, pendant toutes les dernières années de la guerre froide, une réorganisation totale des puissances, grandes, petites ou moyennes s'était-elle opérée au Moyen-Orient : un bloc commun de plus en plus homogène était né, regroupant un pôle islamiste (Arabie Saoudite, Frères musulmans, armée pakistanaise et jihadistes afghans) et un pôle nationaliste arabe pro-occidental (Egypte de Moubarak, Jordanie, OLP d'Arafat et Irak de Saddam) où l'influence française était particulièrement forte, mais acceptée, pour l'essentiel, par Washington. En face, la coalition opposée Union soviétique-Iran-Syrie-Libye n'atteindra jamais à la même cohérence. Aussitôt après l'attentat manqué contre le pape de mai 1981, Andropov reprend fermement en main le KGB, qui lui avait échappé plusieurs années durant, et le purge énergiquement de son aile pro-terroriste, particulièrement représentée en Bulgarie, en Tchécoslovaquie et en Allemagne de l'Est. Dès lors, les Iraniens prennent moins de gants avec Moscou et détruisent en quelques jours de répression tout l'appareil interne du Toudeh en 1983.

Mais Rafsandjani préserve encore les relais pro-communistes, internes au mouvement islamique, en raison de la protection que leur accorde, contre vents et marées, Khomeyni lui-même, qui vient ici au secours des engagements de son fils Ahmad. Malgré cela, Moscou se range alors implicitement, dans le climat de détente retrouvée avec l'Occident, parmi les soutiens de Saddam Hussein, et cherche, pour la première fois, le dialogue avec les Tadjiks d'Ahmed Shah Massoud en Afghanistan, lequel est protégé par la France et la Chine depuis 1979. Mais le tournant demeure pourtant incomplet : Andropov avait chargé son grand ami Haïdar Aliev, le patron de l'Azerbaïdjan soviétique, de mettre en œuvre la grande volte-face anti-iranienne de la politique soviétique. A peine Gorbatchev arrive-t-il au pouvoir, flanqué, à la tête de la diplomatie, du rival historique local d'Aliev, le Géorgien Eduard Chevardnadze, et c'est le coup d'arrêt. Le grand iranologue du KGB, Chebarchine, se fait fort de retrouver de bonnes relations avec les mollahs, sans pour autant perdre le contact avec Bagdad. Et Gorbatchev l'écoute tout autant qu'Andropov écoutait Aliev, bien meilleur connaisseur de l'Iran.

C'est d'ailleurs la même politique erratique que s'efforcera de suivre à Paris Roland Dumas, le très pro-syrien successeur de Cheysson, sans grands résultats apparents. Puis, à l'extrême fin de la guerre froide, on assistera même à un renversement spectaculaire de position, où Moscou, menacé par l'implosion de l'Union soviétique, sera le demandeur, et Téhéran, le joueur le plus actif, et même le séducteur d'une Union soviétique aux abois. On a déjà fait allusion aux accords secrets Gorbatchev-Rafsandjani en matière nucléaire, il s'y ajoute un début de médiation organisée par Téhéran entre Moscou et les Tadjiks afghans de Massoud et ses alliés pro-iraniens, qui contrôlent les « islamo-démocrates » du Tadjikistan soviétique en passe de devenir majoritaires dans cette petite république bientôt indépendante, dès 1990-91.

Si donc nous arrêtons le cours du développement historique à la fin de la guerre Iran-Irak en 1988, un an avant le début de la chute de l'empire soviétique, nous sommes confrontés à un résultat surprenant, ô combien. Tous les adversaires actuels des Etats-Unis dans la région, armée pakistanaise, intégrisme sunnite avec ses nombreux relais saoudiens, régime baasiste irakien, sont alors les alliés, parfois presque chaleureux, des Etats-Unis (et de la France d'ailleurs). En face, le déclin rapide de l'Union soviétique a entraîné une dissolution quelque peu incohérente du bloc de ses partenaires régionaux, où l'Iran est pour l'essentiel isolé, très préoccupé par l'avenir de l'Afghanistan où il soutient Massoud et les Tadjiks, très attentif aussi à l'inquiétante offensive de charme de la Turquie dans l'ensemble des nouvelles républiques indépendantes ex-soviétiques et turcophones, depuis l'Azerbaïdjan jusqu'à la Turkménie et l'Ouzbékistan.

Quant à Israël, il est de plus en plus marginalisé au Moyen-Orient, par les nouvelles alliances islamiques de Washington voulues par le tandem Bush-Baker. L'échec du rapprochement qu'avait prôné Jérusalem avec Rafsandjani en 1984-85 ayant entraîné l'administration Reagan dans le scandale de l'Irangate, son successeur George Bush Ier renoue, avec un mélange d'enthousiasme et de prudence, l'alliance saoudienne et congédie les mauvais conseillers israéliens. Bientôt le déclenchement de la première Intifada à partir de 1985, qui va resserrer les liens des Etats-Unis avec l'OLP, et rendre palpable la caducité de la politique d'occupation indéfinie des territoires palestiniens par Israël, achèvera l'échec de la politique de l'Etat hébreu. Vieux sympathisant, puis même militant communiste passé à la droite nationaliste intransigeante, sans avoir tout oublié de son passé, Itzhak Shamir poursuivra alors une politique discrète de rapprochement avec l'Union soviétique en déclin, et surtout, grâce à l'homme d'affaires primordial de Deng Xiaoping, l'Israélien Shaul Eisenberg, une politique de vaste coopération militaire avec la Chine – à laquelle les Etats-Unis finissent par mettre de l'ordre, non sans une certaine rudesse. Tel est l'arrière-plan véritable de l'affaire Pollard, et de l'étonnante sévérité des autorités judiciaires et politiques américaines à l'encontre d'un espion israélien, traité bien plus durement que tous les espions de l'Est réunis. Pollard paie ici pour Shamir. On le voit, sur tous les fronts, les Etats-Unis ont choisi une politique de soutien à l'islam sunnite, une hostilité forte envers l'Iran, et une réserve croissante vis-à-vis d'Israël. Or cette politique raisonnable va exploser tout d'un coup. Pourquoi ?

Si nous acceptons de décrire le grand mouvement qui commence alors, en enlevant de nos têtes toutes les dénominations idéologiques, nous pouvons avancer ceci : à la fin de la guerre froide, une rupture objective s'engage entre Washington et ses principaux alliés musulmans du moment, Arabie Saoudite, Pakistan, Irak, conduisant à une série ininterrompue de violences et de soubresauts, plus inattendus les uns que les autres. Bref, en l'espace de quelques mois, la donne aura complètement changé dans un sens que le triumvirat Bush Ier, Baker (son secrétaire d'Etat) et Scowcroft le secrétaire du conseil national de sécurité n'avait nullement prévu : les guerres d'Afghanistan (1988) et du Golfe Iran-Irak (début 1989) sont terminées, l'Union soviétique s'effondre sur elle-même (1988-1991), la première Intifada palestinienne s'interrompt, Khomeyni décide et Rafsandjani inaugure prudemment un tournant pragmatique à Téhéran (1989), les relations israélo-américaines se dégradent rapidement (1990-1994), l'Irak rompt avec ses anciens alliés occidentaux, et plus à l'ouest l'Algérie plonge dans la première guerre civile où s'opposent islamistes et anti-islamistes. Une seule vague nullement attendue balaie ainsi toute la région.

Pendant toutes les années 1990, les Etats-Unis, qui ont d'autres soucis en tête, se désintéressent de la dérive moyen-orientale de leur système d'alliances, au bénéfice d'une grande ouverture mondialiste à base commerciale. Même si des rapprochements interviennent avec l'Inde, la nouvelle Russie de Boris Eltsine et jusqu'à un certain point l'Iran après les élections libérales de 1997, dont les politiques respectives tendent à converger sur le plan régional, ces ouvertures américaines ne sont jamais complètement menées à bien, tant la vieille garde pro-saoudienne et pro-pakistanaise des services secrets occidentaux se montre réticente à changer de paradigme, et à tirer la sonnette d'alarme d'une dérive de plus en plus explicite des plus vieux alliés régionaux des Etats-Unis, entièrement déboussolés par la fin des alignements de la guerre froide.

Les dix années ultérieures de bonasse mondialiste, dominées par la sympathique et incompétente figure de Bill Clinton, verront donc d'emblée l'explosion du front sunnite par l'invasion irakienne du Koweït, avec l'Irak d'un côté, l'Arabie Saoudite de l'autre, puis un blocus de basse intensité de l'Irak, accompagné, pour complaire à l'allié saoudien, d'une guerre froide maintenue avec l'Iran que l'on va baptiser « double containment ». Cette posture dépourvue d'imagination est pourtant rendue possible par le début de paix israélo-palestinienne (accords d'Oslo de 1993) qui soulage Washington de tout engagement régional excessif, l'affaiblissement de l'Etat irakien consécutif à la guerre du Koweït de 1991, la crise interne, de nature thermidorienne, de l'Iran de Rafsandjani – sans même parler d'un Afghanistan totalement anarchique, ayant basculé dans un nouvel et épais Moyen Age. Mais sous les cendres des années de la prospérité de la décennie 1990, des braises particulièrement dangereuses couvaient, depuis Ramallah jusqu'à Peshawar, chez les Palestiniens hostiles aux accords d'Oslo comme chez les Afghans désireux d'imposer une islamisation radicale, à partir de l'irrédentisme des Pathans. Ce fut George W. Bush, peu après son avènement de 2000, qui eut à régler la note des politiques hésitantes de son père et de Clinton. Mais pour comprendre cette lente réversion des pôles, il nous faut à présent analyser en profondeur les origines, la croissance puis la transcroissance d'al-Qaïda, dont la véritable naissance est contemporaine de cette époque de renversement des valeurs, et que les Japonais médiévaux qualifiaient de « monde à l'envers ».

Nous y verrons comment la progression de l'intégrisme sunnite aura transformé les meilleurs alliés des Etats-Unis en leurs plus tenaces ennemis, et symétriquement comment le nouvel Iran qui émerge à partir de 1997 sera presque contraint de se rapprocher de Washington.

Le paradoxe d'al-Qaïda

Le 11 septembre 2001, l'Amérique entre donc en guerre totale et inavouable, par le truchement d'al-Qaïda, avec l'Arabie Saoudite, le Pakistan et ses supplétifs talibans d'Afghanistan, ainsi qu'avec l'Irak de Saddam combattu, à nouveau ouvertement, depuis l'interruption des inspections de l'Unscom en 1998. Pourtant, cette guerre est impossible, puisque au moins dans deux des cas considérés, Arabie Saoudite et Pakistan, l'offensive terroriste est aussi dirigée contre les élites gouvernementales de ces deux pays, réticentes à la confrontation avec les Etats-Unis. C'est cet extraordinaire paradoxe qui, depuis lors, piège la politique américaine. Une guerre interne sans adversaire déclaré, une rémanence des anciennes alliances, qui freine la constitution de nouvelles qui s'offriraient plus naturellement. Le paradoxe est en train de se dénouer, mais pas encore totalement, en Irak comme en Afghanistan.

Ici encore, partons des faits. Nous trouvons, émergeant des fumées noires de Manhattan, trois personnages qui dirigent le mouvement al-Qaïda :

un membre associé de la famille royale saoudienne, Oussama Ben Laden, un petit-fils de dignitaire religieux égyptien de premier plan, Ayman Zawahiri, et un général pakistanais qui joue à cache-cache derrière la figure pittoresque, motocycliste et analphabète, du mollah afghan Omar, pure création de l'ISI (« Inter-service Intelligence »), les services secrets pakistanais. Comme certains raisonnements un peu complexes en physique (ou même parfois en économie) requièrent des outils mathématiques un peu spécifiques, il nous faut, pour tirer toutes les conséquences de cette apparemment banale observation, poser un certain nombre d'équations (ou d'équations métaphysiques) qui définissent « l'algèbre politique » saoudienne et pakistanaise, et aussi chemin faisant irakienne, la plus masquée de toutes. De là émergent plus clairement les attentats de New York de 2001 et l'invasion de l'Irak par George Bush.

Commençons par l'algèbre saoudienne : l'Arabie Saoudite est une sorte d'univers en expansion où deux protagonistes, initialement associés dans des projets convergents, le monde pétrolier anglo-saxon et la secte intégriste wahhabite, connaissent une lente dérive qui les oppose l'un à l'autre, sans cesse davantage. Les éléments de la rupture sont bien là, et pourtant l'intérêt supérieur des deux parties les conduit à la différer sans cesse. Au départ, au début du XXe siècle, la secte wahhabite, dont Abdel Aziz Ibn Saoud est le chef militaire héréditaire, a un adversaire acharné à sa perte, l'empire ottoman, et ses supplétifs bédouins, la tribu des Chammars en particulier, dont le dynaste local Ibn Rachid est le chef incontesté. Avec l'alliance allemande de la Turquie, les agents locaux britanniques deviennent les protecteurs d'Abdel Aziz. Ibn Saoud pourra ainsi, notamment après des défaites spectaculaires infligées par les Chammars d'Ibn Rachid, jouir de la protection de Moubarak Sabah, l'émir du Koweït, lequel a fait soumission totale à l'empire britannique. Mais Londres ayant aussi uni son destin pendant la Première Guerre mondiale, grâce au colonel T.E. Lawrence, avec les Hachémites du Hedjaz, rivaux des Wahhabites, qu'ils installent bientôt à la tête de l'Irak et de la petite Transjordanie, Ibn Saoud, ne comptant que sur lui-même, relève le défi que lui lancent ainsi les Hachémites. Il unifie militairement la péninsule arabique contre les vœux explicites de la Grande-Bretagne, même si celle-ci s'abstient habilement de lancer tout mouvement militaire pour rétablir l'autorité du Chérif Hussein al-Hachemi sur les lieux saints de La Mecque et de Médine. Désormais allié réticent de Londres, Ibn Saoud, sur le conseil de son associé, l'agent britannique Saint-John Philby [1], en délicatesse avec sa maison mère, cherchera un nouveau par-

1. Lequel n'est autre que le père de l'illustre agent soviétique Kim Philby.

tenaire que l'Angleterre, qu'il ne lui faut pas non plus combattre ouvertement. Ce partenaire, Ibn Saoud le trouvera avec les Etats-Unis, dès le début des années 1930, et de la découverte locale du pétrole (1928) qui bouleverse toute la donne moyen-orientale de proche en proche. Ibn Saoud est aussi fasciné par la prohibition de l'alcool qui règne outre-Atlantique, tandis que les émissaires du consortium pétrolier mis en place par les Américains pour y exploiter les hydrocarbures, l'Aramco, racontent à qui veut les entendre que les Wahhabites sont une version locale subdésertique des Puritains du *Mayflower*, empreints des mêmes vertus et de la même sagesse.

La double méprise fonctionne admirablement, et le royaume saoudien honorera, dans l'ensemble, les termes de cette première alliance, pendant toute la Seconde Guerre mondiale, malgré ses évidentes sympathies hitlériennes, nourries particulièrement par Saint-John Philby, qui a entre-temps rejoint le parti fasciste britannique d'Oswald Mosley et sera interné toute la guerre par Winston Churchill.

En 1945, Roosevelt mourant accueille Ibn Saoud sur le croiseur américain *Quincy* au large d'Alexandrie, avant de rejoindre Staline à Yalta. Il étend et amplifie alors la garantie de sécurité américaine au royaume wahhabite. Un nouveau lien politique s'établit, à partir de là, entre les deux partenaires : l'anticommuniste Ibn Saoud avait déjà rompu les relations diplomatiques de son royaume avec Moscou, lorsque Staline en 1937 eut fait rappeler et fusiller le premier ambassadeur soviétique, un Ouzbek que le roi appréciait pour sa connaissance érudite de l'islam.

La menace que le roi redoutait tant, vers 1950, d'un communisme juif et chiite, appuyé en Israël sur Ben Gourion et en Iran sur Mossadegh, cède bientôt la place, à partir de 1952, à une menace moins fantasmatique, celle d'un nationalisme révolutionnaire arabe laïcisant, allié stratégique de Moscou contre les Anglo-Saxons, celui de Nasser. Bientôt l'un des fils d'Abdel Aziz, le prince Talal, ira rejoindre, avec le grade de général égyptien, le groupe des officiers libres au Caire, au scandale du reste de la famille royale. Talal ira pourtant faire sa soumission à ses frères, toute honte bue, quelque sept ans plus tard, et le fils de Talal, Walid, s'est, lui, fortement reconverti de Nasser à Disneyland.

Mais la victoire des Israéliens en 1967, bien que Lyndon Johnson, sous l'influence des pétroliers texans, se fût évertué afin de l'empêcher, remet fortement en cause l'alliance américaine. Dans les années 1970, Fayçal, le second successeur d'Abdel Aziz, s'efforcera d'émanciper progressivement le royaume de l'alliance américaine, en flattant un certain nationalisme arabe, pour peu que celui-ci rétablisse le contact avec la religion traditionnelle.

Mais, à la fin des années 1970, après son assassinat qu'on impute à un cousin fou, manipulé par la CIA, selon les Frères musulmans qui ont héroïsé la figure de Fayçal depuis lors, ses frères Khaled et Fahd, issus par leur mère de l'influente famille des Soudaïris, tentent de revenir vers Washington, dès lors que le choc pétrolier de 1973 a conduit à un nouveau rapprochement, économique celui-ci, avec les Etats-Unis, grâce au recyclage indispensable des pétrodollars par Wall Street.

Cette période se traduit au demeurant par une extraversion croissante du royaume saoudien. Les élites font leurs études en Amérique, et en reviennent pour la plupart choquées de la permissivité morale qui s'y déploie, ainsi que du rôle très inquiétant que semblent y jouer les juifs. La période de très grande richesse de la fin des années 1970 accroît par ailleurs les griefs des nombreux traditionalistes que compte le royaume, ainsi que d'une fraction de la population urbaine, trop faiblement bénéficiaire du développement, et qui traduit déjà sa croissante frustration dans le langage de l'intégrisme le plus pur, en surenchère paradoxale avec la doctrine officielle du royaume.

C'est alors qu'éclate comme nous l'avons vu précédemment la plus grande crise de l'Arabie Saoudite : l'occupation de la Kaaba par un groupe terroriste, né un peu auparavant en Egypte, dans la mouvance des Frères musulmans, Takfir wa Hejrah, « Sacrifice et repentance », à l'apogée de la radicalisation de la révolution iranienne (1980). Le coup porté, bien que symbolique, est exceptionnellement grave. Les Takfiris ont remis en cause la légitimité de la garde des lieux saints par la maison des Saoud, et ceux-ci ont dû faire appel aux gendarmes français du GIGN (promptement convertis à l'islam pour la circonstance, et sans circoncision) pour éliminer le groupe terroriste. Le choc en retour entraîne les Soudaïris – Khaled, le roi Fahd et Sultan, le ministre de la Défense – dans une fuite en avant : toute modernisation encore timide des mœurs saoudiennes est interrompue, et la monarchie encourage désormais, avec le consentement tacite de Washington, le retour à une version intégriste de l'islam, promue par le chef des oulémas, le cheïkh Ben Baz. Les Frères musulmans égyptiens sont choyés financièrement, avec la première mission de noyer dans leur militantisme sociétal les tentations sanglantes des Takfiris issus initialement de leurs rangs. Mais ces derniers, qui sont-ils vraiment ?

Takfir wa Hejrah n'est au début qu'un mouvement millénariste égyptien, dont les derniers militants, réfugiés dans des grottes, seront finalement exterminés par la police égyptienne, au milieu des années 1980. Il a compté quelques centaines d'adeptes en Arabie Saoudite autour d'Oteïbi, mais d'autres militants sont parvenus jusqu'à Damas, et des agents iraniens ont vite su manipuler ces malheureux en les engageant à détruire le « paganisme saoudien », marque de la domination américaine sur le monde de l'Islam. Ils ont aussi, pour certains d'entre eux, gagné le refuge islamiste de Khartoum, où l'on retrouve le groupe impliqué au début des années 1990 dans une tentative d'assassinat de Ben Laden, fraîchement débarqué au Soudan, après avoir perdu son passeport saoudien et avoir été expulsé du royaume. Cet attentat contre Ben Laden est mieux qu'une signature : il corrobore les liens de plus en plus étroits qu'entretenaient les anciens assaillants de la Kaaba de 1979 et les services secrets iraniens, particulièrement hostiles au mouvement al-Qaïda, qu'ils tenaient pour une simple excroissance de la politique saoudienne, et une concurrence à éliminer sans tarder.

Nous atteignons ici à présent à la genèse immédiate du 11 septembre : al-Qaïda naît en effet, par un effort spontané d'Oussama Len Laden et du professeur Abdalhah Azzam, qui en est encore le gourou plus modéré, mais dans un climat exalté de réislamisation de l'Arabie Saoudite qui fait suite au défi iranien, lequel avait manipulé entre autres le relais de Takfir au Soudan et en Egypte. La politique des Soudaïris au pouvoir, avec le tandem des deux frères Khaled et Fahd, consiste à contester désormais, les armes à la main si nécessaire, les ambitions de Téhéran sur l'ensemble de l'islam radical. Pour ce faire, l'Arabie Saoudite, enrichie par le second choc pétrolier, ne lésinera pas sur le financement de toutes les forces intégristes qui peuvent constituer autant d'anticorps à l'influence iranienne, à la condition expresse qu'elles se détachent clairement de Téhéran. Les émissaires saoudiens auront rapidement gain de cause avec les Frères musulmans classiques, mais pas avec leurs émules soudanais, longtemps amis derrière le cheikh Tourabi, leur guide charismatique, des islamistes chiites. Associés aux pasdarans, les gardiens de la révolution iranienne, les islamistes chiites pourront tout au long des années 1980-90 maintenir une base avancée à Khartoum, en raison des craintes qu'inspiraient aux islamistes soudanais les partisans plus modérés de Sadegh el-Mahdi, le leader islamique conservateur et plutôt pro-occidental réfugié en Arabie Saoudite et très proche de la famille royale des Saoud. Ce seul alignement maintiendra assez longtemps le Soudan, pourtant sunnite, dans le camp iranien. Les Saoudiens rallieront en revanche très vite à leurs vues les militaires pakistanais, pourtant tentés par un rapprochement, notamment nucléaire, avec les Iraniens. Ce mouvement de regroupement s'opère au nom d'un jihad radical, mené en Afghanistan d'abord contre l'Union soviétique, puis contre les Tadjiks du pays qui s'appuient sur l'Iran. Tout a un prix : la CIA, qui a besoin des services secrets saoudiens du prince Turki, accepte à contrecœur de faire rentrer sur le territoire américain le cheikh égyptien aveugle Omar Abdel

Rahman, qui depuis la mosquée de Brooklyn organise le recrutement pour le jihad en Amérique du Nord, au grand dam des services égyptiens qui poursuivaient depuis longtemps le cheikh pour une tentative de meurtre contre Moubarak, alors encore vice-président de Sadate.

La DIA, le service de renseignement militaire, accepte, elle aussi, de fermer les yeux sur les activités nucléaires de prolifération de l'armée pakistanaise à partir de la centrale de Kahuta et envoie ses minutieux dossiers au broyeur ; et, dans la foulée, le FBI va, lui, laisser de jeunes militants saoudiens installer, aux fins de recrutement pour le jihad, des « bureaux afghans », dans trente-cinq Etats de l'Union, dès 1982, partout où se trouvent des musulmans, africains, américains, pakistanais, ou arabes du Moyen-Orient. Tout va pour le mieux dans ces années 1980 où l'ennemi commun est l'Union soviétique en plein repli stratégique en Afghanistan, et où l'Iran, aux prises avec son ennemi irakien, connaît des difficultés de plus en plus grandes à organiser des sympathisants actifs en milieu sunnite. Lorsque Rafsandjani succède à Khomeyni au début des années 1990, les services secrets de Téhéran se concentrent exclusivement sur le monde chiite, depuis l'Argentine jusqu'à Karachi, en passant par le Liban, le Golfe persique arabophone et l'Afghanistan. Ils organisent en Palestine, seule exception apparente, leurs sympathisants les plus directs dans un « jihad islamique » qui procède tout de même d'une scission pro-chiite des Frères musulmans palestiniens du Hamas, lesquels soutiennent encore, à ce moment-là, l'Arabie Saoudite.

Et puis, avec la fin de la guerre d'Afghanistan – l'armée soviétique évacue le pays en 1988 –, tout commence à changer : la mouvance islamique saoudienne se sent pousser des ailes : le Front islamique du salut (FIS), très soutenu, notamment financièrement, n'est-il pas en train de gagner la partie dans l'Algérie vacillante de Chadli Benjedid, avec le concours de nombreux moudjahidine algériens fraîchement rentrés d'Afghanistan, et bien vus des services de renseignement anglo-saxons, crispés sur leur anticommunisme ? Sous la même influence saoudienne, le cheikh Tourabi est de plus en plus neutralisé à Khartoum, partiellement pour cause de sa sympathie avec l'Iran [1]. Au Pakistan, également, une évidente prise de distance avec l'Occident s'opère, sous l'impulsion du chef des services secrets, le général Hamid Gül qui est le véritable parrain d'al-Qaïda à Peshawar, et l'adversaire hystérique d'Admed Shah Massoud, le chef charismatique et visionnaire de l'insurrection des Tadjiks d'Afghanistan.

1. Ce dernier avait fait venir à Khartoum l'ayatollah irakien Mehdi Hakim qu'il admirait et qui sera promptement révolvérisé sur place par les services secrets saoudiens, et peut-être al-Qaïda. Le plus jeune frère de Mehdi Hakim, Abdelaziz, dirige aujourd'hui l'aile modérée du chiisme irakien à Bagdad.

Mais cette euphorie saoudienne est de courte durée : la victoire afghane aurait dû conduire à une indépendance accrue vis-à-vis des Etats-Unis, comme l'escomptaient Gül ainsi qu'Oussama Ben Laden et les siens. L'opération brutale de Saddam Hussein sur le Koweït en 1990 ramène tout d'un coup le groupe dirigeant du royaume saoudien aux dures réalités de ce monde : sans le déploiement rapide des Américains aux frontières du Koweït, c'est toute la sécurité du royaume qui se trouve menacée. Oussama Ben Laden, tout juste rentré de Peshawar en héros de la jeunesse saoudienne, propose alors de se passer des Américains en levant un jihad anti-irakien, fondé sur le concept de « guerre populaire », à l'afghane.

Le prince héritier Abdallah, aujourd'hui roi depuis 2002, le traite gentiment de chimérique et assume, lui qui ne les aime guère, l'arrivée des Américains sur la terre du Prophète, juifs et femmes soldats compris. Désormais, al-Qaïda fera cavalier seul, sans l'appui de l'Etat saoudien. Mais le processus n'a pas lieu d'emblée, ni très clairement. Pourtant, dès la fin de la guerre du Koweït, le représentant officiel des bureaux afghans à New York est assassiné sur les ordres du cheikh Omar Abdel Rahman qui le tient pour un agent double du FBI. A Peshawar, de la même manière, Abdallah Azzam sera presque en même temps liquidé sous le prétexte que, théoricien et inventeur d'al-Qaïda, l'universitaire saoudo-palestinien demeurait réticent à rompre tous les ponts avec la cour saoudienne et s'inquiétait beaucoup du ralliement de l'extrémiste égyptien Zawahiri à l'organisation.

Bientôt commence une nouvelle étape : détachée de son cordon ombilical avec le régime saoudien, al-Qaïda recrute avec facilité dans les milieux extrêmes de l'islamisme arabe : sa principale recrue, outre Zawahiri, est le terroriste arabo-pakistanais Khaled Mohammed Cheikh, proche à ses débuts du groupe palestinien ultra d'Abou Nidal, puis gâchette apparemment indépendante, employé par les services secrets syriens, mais aussi irakiens, ces derniers, pour déstabiliser les Etats-Unis et l'Arabie Saoudite, après la libération du Koweït de 1991. Khaled Mohammed Cheikh, qui devient le chef militaire d'al-Qaïda en raison de son expérience passée, a une obsession : laver la souillure que représentent aux yeux de la jeunesse islamiste potentiellement recrutable les accointances américano-saoudiennes du mouvement al-Qaïda à ses débuts, et tout particulièrement les liens tissés en Afghanistan avec la CIA. C'est lui qui organisera le très symbolique attentat de Langley, où un sniper pakistanais de l'organisation assassine au fusil à lunette plusieurs officiers de la CIA qui se rendaient à leur réfectoire. Il s'agit aussi, très concrètement, pour Khaled Mohammed Cheikh, qui en convainc Oussama Ben Laden, de contrer, grâce à la propagande par le fait, les calomnies répandues par les services iraniens sur les complicités américaines dont bénéficierait al-Qaïda. Ainsi, née au cœur de l'Etat saoudien, al-Qaïda, délestée du brave intellectuel qu'était Abdallah Azzam, et rejointe par le condottiere terroriste Khaled Mohammed Cheikh, a totalement changé son système d'alliances : ennemi juré du pouvoir saoudien, mais aussi de l'Iran qui la calomnie, tout en soutenant l'exécré Ahmed Shah Massoud en Afghanistan, al-Qaïda n'a plus que deux alliés naturels, de plus en plus proches, l'Irak post-Koweït de Saddam Hussein, et la fraction la plus dure des services de renseignement pakistanais, qui tous deux connaissent très bien Khaled Mohammed Cheikh. Au fond, la scission d'al-Qaïda et de la cour saoudienne est la sanction paradoxale de l'incompatibilité culturelle de fond entre Riyad et Washington, même si, au dernier moment, le gouvernement saoudien, qui n'a cessé de couver Ben Laden d'un œil complaisant, commence à comprendre la gravité de la menace qu'incarne al-Qaïda. Mais trop tard.

L'équation pakistanaise ressemble depuis toujours à l'équation saoudienne. Au départ, dans les années 1930, une même inféodation maugréante à la puissance britannique. Face à un parti du Congrès qui n'hésite pas à dialoguer avec l'Allemagne nazie et le Japon impérial, Mohammed Ali Jinnah, le stratège de la partition de l'empire des Indes, a, lui, entendu jouer la carte de la fidélité à l'empire britannique en détresse, et derrière lui, toute l'Inde musulmane militaire, essentiellement punjabie, qui ne cesse de l'approuver. Cette armée qui prend peu à peu le pouvoir aux civils pakistanais dans les années 1950 adhère alors sans réserve au camp occidental, dès lors que Nehru, en Inde, et son ministre de la Défense communisant, Krishna Mennon, ont joué délibérément une carte soviétique. Mais les liens étroits du Pakistan militaire avec Londres et Washington ne vont pas tarder à être mis à rude épreuve : après les premiers affrontements sino-indiens de 1962 sur les confins himalayens, Kennedy et son ambassadeur à Delhi, le grand économiste John Kenneth Galbraith, se rapprochent spectaculairement de Nehru, et s'arrangent, sous la forme transparente d'une filiale canadienne de Westinghouse, pour transférer à l'Inde d'importantes technologies à usage militaire qui sont à la base de l'obtention par Delhi d'une bombe atomique, dès la fin des années 1970, censée équilibrer l'effort parallèle de la Chine au Pakistan.

L'armée pakistanaise accuse le coup, et commence en vingt ans à décrocher chaque année davantage de l'alliance américaine. C'est d'abord sous l'égide du leader de la gauche Zulfikar Ali Bhutto, en concluant une alliance militaire de revers très solide avec la Chine, pourtant en pleine

Révolution culturelle, puis en faisant en sorte de resserrer considérablement ses liens stratégiques avec l'Arabie Saoudite, elle-même en délicatesse avec son protecteur américain. La rencontre des trois alliés, Pékin, Islamabad et Riyad, s'opérera évidemment autour du programme nucléaire pakistanais : la Chine exportera secrètement vers le Pakistan ses technologies – souvent d'origine française –, l'Arabie Saoudite les financera à fonds perdus, avec l'aide du cheikh Zayed des Emirats, et le Pakistan reconstituera, après la terrible défaite de la sécession du Bangla-Desh en 1971, une menace crédible face à l'Inde, encore alliée, même réticente, de l'Union soviétique.

Les années 1970 allaient tendre un peu plus les rapports des alliés islamiques avec Washington, dans la mesure où le département d'Etat adoptait, peu à peu, une démarche de plus en plus conciliante à l'égard de la démocratie indienne – surtout après la première chute d'Indira Gandhi en 1976. Cette nouvelle politique américaine était très proche de celle, britannique, de Mountbatten en 1946, pour qui le repli musulman sur des territoires spécifiques ne pouvait être accepté que sous condition d'une réconciliation finale avec l'Inde. Cette exigence a toujours été tenue pour inacceptable par l'armée pakistanaise. Mais, sur ces entrefaites, l'émergence d'une menace globale, avec l'entrée de l'armée soviétique en Afghanistan, fin 1979, allait geler la dérive, pourtant conceptuellement inévitable, des relations américano-pakistanaises pour au moins quinze ans. Si le Pakistan fournit effectivement son arrière stratégique à la guerre antisoviétique, la CIA dut, pour parvenir à ce résultat, acquitter un loyer élevé à son allié local. Plus aucune question ne fut posée sur le programme nucléaire pakistanais, même lorsqu'au milieu des années 1980 Washington fut mis devant le fait accompli du transfert par le Pakistan à l'Arabie Saoudite de missiles chinois de moyenne portée, capables de délivrer des charges nucléaires sur Israël. Les tentatives de la CIA pour prendre langue avec d'autres mouvements non agréés par l'état-major pakistanais, tels que les Tadjiks de Massoud, durent être interrompues, pendant que Hamid Gül et l'ISI, le service secret de l'armée pakistanaise, gaspillaient en pure perte tout le matériel américain qu'ils recevaient sur l'inepte Gülbüddin Hekmatyar et sa section afghane des Frères musulmans, le Hezb e-Islami, aujourd'hui pleinement rallié aux talibans.

Bref, l'alliance pakistanaise était cher payée, et seul le retour à la démocratie des années 1990, le charme personnel de Benazir Bhutto d'abord, les bonnes paroles non suivies d'effets du conservateur modéré Nawaz Sharif, son successeur, par la suite, pourront enrayer l'inévitable rupture que préparait le réchauffement spectaculaire des rapports entre l'Inde et les Etats-Unis.

Le coup de grâce des relations américano-pakistanaises était donc déjà là, avec le coup d'Etat militaire d'août 1999, qui venait sanctionner l'échec sanglant d'une offensive inopinée, déclenchée, sans l'aveu du Premier ministre Nawaz Sharif, par la seule armée pakistanaise sur les confins cachemiris de l'Inde, autour de Kargil. L'Amérique de Clinton avait très clairement soutenu l'Inde dans la bataille de Kargil, que Delhi remporta haut la main, et face à la nouvelle junte militaire de Pervez Mousharraf, qui utilise à son profit le contexte de tension pour éliminer le pouvoir de Sharif, les sanctions allaient commencer à pleuvoir. C'est précisément à ce moment qu'al-Qaïda, confortée par la rupture des relations militaires américano-pakistanaises, se sentit en mesure de préparer soigneusement son plan : l'attaque aérienne du territoire américain par des commandos-suicides. Seule une base pakistanaise solide pouvait permettre un plan d'une telle audace, et qui devait aux yeux de Ben Laden faire basculer tout l'équilibre de la planète.

Mais pour comprendre l'émergence catastrophique d'al-Qaïda, nous avons besoin de deux données supplémentaires que ne nous ont livrées ni l'équation saoudienne qui aboutit seulement à la gêne incestueuse et irrésolue du royaume wahhabite vis-à-vis d'un mouvement qu'il avait largement favorisé au départ, ni l'équation pakistanaise qui aboutit, par rupture totale de l'alliance militaire américaine, aux encouragements implicites donnés par Islamabad à l'Arabie Saoudite et à la Chine, en faveur de l'émergence d'une conflictualité forte, avec l'Occident en général, Washington en particulier. Cet appel sera entendu.

C'est désormais l'ISI qui cherche la guerre avec Washington pour venger Kargil. Mais cette explication par l'équation pakistanaise n'est évidemment pas exhaustive. Encore nous faut-il ici remonter plus haut, à la victoire tragique des talibans en Afghanistan tout d'abord, à l'engagement déstabilisateur croissant de l'Irak à leurs côtés, à partir de 1995.

Les talibans naissent de l'éclatement du pays, après le retrait de l'armée soviétique, puis de l'effondrement de l'ultime résistance communiste de Najibullah à Kaboul, au début des années 1990. Mieux armé notamment par l'Iran, et après sa médiation couronnée de succès au Tadjikistan en 1992, par la Russie elle-même, Massoud assure à ses amis tadjiks afghans (35 % de la population seulement) le contrôle de l'essentiel du pays, au grand dam de l'armée pakistanaise, qui tenait jusqu'alors l'Afghanistan pour territoire conquis, susceptible de lui donner « une profondeur stratégique » face à l'Inde et de lui permettre de faire basculer tout son dispositif subversif en direction du Cachemire disputé. Devant la débâcle des formations conservatrices pathanes qu'elle soutenait jusqu'alors, l'ISI « vend » finalement la solution « talibane », tout d'abord aux Anglais, toujours désireux de poursuivre à travers leur adversaire Massoud une guerre froide dont ils ont la nostalgie, contre un allié tout à la fois de Téhéran et de Moscou. Cri du cœur et signature, un éditorial du très officiel *Economist* de Londres défend encore, au début de 2001, le régime des talibans, après pourtant la destruction des Bouddhas de Bamyan, en invoquant l'utilité de ce régime islamiste, en cas « du retour de la guerre froide », sous la forme d'une nouvelle alliance russo-chinoise à laquelle il serait naturellement hostile. Quelques années plus tôt, les Anglais avaient déjà convaincu Américains et Saoudiens d'aider le nouveau mouvement. Quant au ministre de l'Intérieur, l'habile général Nasrullah Babar, lui-même pathan de Peshawar, il ira convaincre Benazir Bhutto de soutenir un mouvement « fondamentaliste » qui la laverait d'un coup de toutes les accusations de tiédeur patriotique face à l'Inde : ainsi, de gonfler les voiles du « mouvement des Oulémas de l'Islam », inspirateurs des talibans et rivaux politiques de l'opposition parlementaire conservatrice, de la Ligue islamique à l'extrême droite plus classique.

Juchés sur des chars pakistanais, les pseudo-étudiants en théologie, généralement analphabètes lorsqu'ils sont afghans et parfaitement militaires lorsqu'ils sont pakistanais et encadrent le mouvement, ne sont, en fait, que le regroupement en bandes homogènes des militants intégristes pathans jusqu'alors dispersés en petites factions rivales. Leur intervention, au beau milieu de l'anarchie croissante des seigneurs de la guerre que Massoud avait été impuissant à endiguer après sa victoire, est d'abord accueillie avec soulagement par les Pathans du sud et de l'est du pays, qui détestaient depuis toujours les Tadjiks au pouvoir à Kaboul, et plus encore leurs alliés chiites hazaras et leurs maîtres iraniens, installés dans le confort relatif des villes du Nord, Hérat et Mazâr-e-Charif.

Mais, peu à peu, le pouvoir taliban s'appesantit et se distingue par son acharnement répressif dans tous les domaines. Les diplomates espions iraniens qu'ils capturent à Mazâr-e-Charif en 2000, sont sommairement suppliciés. Ben Laden quittera Khartoum dès 1997, pour se réinstaller à Kaboul ainsi qu'aux confins du Pakistan, où l'armée d'Islamabad lui assure le gîte et le couvert. C'est là que vient le rejoindre Zawahiri, très isolé en Egypte, depuis les massacres de touristes qu'il avait organisés en 1997-99, qui s'étaient mal terminés pour lui, discrédité encore davantage par sa capture au Daghestan limitrophe de la Tchétchénie par des gardes-frontières russes. Mais rançon payée par ses amis tchétchènes, ou décision des services secrets russes de relâcher un fanatique antiaméricain véritable, Zawahiri se tire de ce mauvais pas. Cet incident étrange a donné lieu, dans le renseignement américain, à l'hypothèse d'un double jeu russe avec al-Qaïda, sans doute pour punir les Américains de ne pas les soutenir dans le conflit du Caucase. Reste, à l'encontre de cette théorie, l'engagement constant de Moscou aux côtés de Massoud, et l'inanité d'un double jeu stérile : Zawahiri sera par la suite nommé par Ben Laden responsable du suivi des affaires du Caucase, où il envoie un de ses lieutenants, le Jordanien Khattab, qui y trouvera la mort en 2002, après avoir commis de nombreuses exactions. Rien là de particulièrement complaisant à l'égard de la Russie.

Désormais, la direction d'al-Qaïda devient bicéphale, et on peut même dire que face à un Egyptien fort cultivé et petit-fils d'un cheikh d'al-Azhar, donc de la plus haute autorité de l'Islam sunnite arabe, Ben Laden dans sa simplicité militante met un genou en terre et s'incline devant le rayonnement intellectuel de la composante égyptienne du mouvement, ainsi que l'ont toujours fait les Saoudiens tout au long de leur brève histoire avec les Frères musulmans du Caire. Dans le même temps, les liens organiques d'al-Qaïda et des services secrets de l'armée pakistanaise deviennent une réalité de plus en plus tangible. Les Américains aiment d'autant moins al-Qaïda qu'ils découvrent le rôle discret joué par Ben Laden dans l'offensive du chef somalien Aïdid à Mogadiscio, qui avait abouti dès 1993 à l'incident de « la chute du faucon noir » (plusieurs dizaines de soldats d'élite américains tués dans une embuscade urbaine) et au retrait précipité des forces américaines de Somalie. Mais les Pakistanais qui, eux aussi, ont pourtant perdu des hommes en affrontant les bandes très islamisées d'Aïdid, savent convaincre la CIA, sinon Clinton, de l'utilité relative de l'implantation d'al-Qaïda dans le nouvel Afghanistan taliban. En geste de bonne volonté, la CIA accepte même que la bru, Leïla, du plus important et plus efficace directeur de toute l'histoire de l'Agence, Richard Helms, soit nommée comme lobbyiste du nouveau régime afghan auprès de l'ONU, ce qui équivaut à une déclaration de tolérance américaine très marquée. Jamais Leïla Helms ne sera interrogée publiquement sur son activité d'attachée de communication au service des talibans après le 11 septembre 2001. Qui pourrait s'en étonner ?

Le nouveau rôle d'al-Qaïda apparaît plus clairement encore, en 1999. Après une offensive de grand style de Massoud qui le conduit aux portes de l'aéroport stratégique de Begram, non loin de Kaboul, le régime taliban est ébranlé, et l'armée pakistanaise entend tirer vengeance des Russes qui arment considérablement l'Alliance du Nord de Massoud, en accord avec l'Iran, et même la Turquie qui « inspire » les miliciens ouzbeks naguère supplétifs du KGB de Rachid Dostam, alliés instables des Tadjiks persanophones, mais laïques impénitents. La riposte d'al-Qaïda sera effectuée dans le Caucase à titre d'avertissement aux Russes. Al-Qaïda y enflamme les quelques villages de prosélytes wahhabites qu'elle contrôle au Daghestan. Les hommes d'al-Qaïda dans le Caucase, le Jordanien Khattab et le terroriste tchétchène Chamyl Bassaiev, organisent dans la foulée un raid de soutien aux insurgés islamistes daghestanais qui a pour conséquence de ranimer brusquement la guerre en Tchétchénie elle-même. Point n'est besoin d'imaginer, comme l'ont fait certains analystes du renseignement américain, un double jeu de Zawahiri avec les services de renseignement russes, quant on sait que le Premier ministre Primakov et son éphémère successeur Stepachine cherchent au contraire, à ce moment-là, à revenir rapidement à une nouvelle trêve avec les Tchétchènes dans le consensus de tous les services de renseignement. La rupture de la trêve au Caucase en 1999 n'a donc pas été voulue par Moscou, mais par al-Qaïda. Si Zawahiri a convaincu Ben Laden qu'il fallait agir dans cette région excentrée et sensible, c'est pour acquitter le loyer que les hommes d'al-Qaïda doivent aux talibans en difficulté du mollah Omar et à leurs patrons pakistanais. Il fallait détourner l'agressivité russe aux portes de Kaboul, dont l'action de plus en plus efficace se déployait depuis le Tadjikistan voisin, où sont toujours stationnés des gardes-frontières de Moscou.

Mais ceux-là, les chefs d'al-Qaïda, que cherchent-ils en l'occurrence ? Pour répondre à cette question capitale, il nous faut revenir par un détour nécessaire sur notre dernière équation, la première pourtant qui soit apparue dans l'ordre chronologique.

De toutes, c'est en effet l'équation irakienne qui est la plus complexe à établir, tant la personnalité cruelle et fantasque de Saddam Hussein vient ici interférer avec les forces fondamentales à l'œuvre. Un oncle de Saddam Hussein qui avait fait partie de la conspiration pro-nazie du Carré d'or, en 1941, Hassan Tolfa, était l'auteur d'un essai polémique, consacré aux trois ennemis fondamentaux, selon lui, du peuple irakien, les juifs, les mouches et les Persans. On ne sache pas que la dictature personnelle de Saddam Hussein, instaurée en 1979, à l'issue de l'éphémère et manquée lune de miel avec la Syrie, ait jamais permis de vastes actions insecticides, durant les vingt-quatre longues années du règne jusqu'à 2003 ! En revanche, Saddam aura imposé une agression militaire sans précédent dans la région aux « Perses » honnis qui leur aura coûté plus de 300 000 morts et accessoirement permis à Khomeyni et aux siens d'instaurer une dictature théocratique complète qu'ils n'auraient pas pu aussi facilement mettre en œuvre en temps de paix. Quant aux juifs – sous la forme essentiellement des Israéliens, bien que Saddam, alors chef politique des services secrets, ait aussi organisé la pendaison publique de dix juifs irakiens, après la débâcle de 1967, et mis en œuvre en 1978 l'assassinat du dirigeant communiste juif égyptien, Henri Curiel –, on énumérera, au risque d'être incomplet, le soutien logistique sans faille donné au groupe palestinien dissident d'Abou Nidal, l'organisation de la prise d'otages du bateau de croisière italien *Achille Lauro* en 1984 et l'assassinat à son bord d'un juif américain handicapé, Léon Klinghoffer, par le groupe palestinien d'Abou Abbas, affilié au Baas irakien, le bombardement par missiles, heureusement peu efficace, des grandes villes israéliennes pendant la guerre du Koweït de 1991, le soutien constant apporté au parti de la guerre dans l'entourage d'Arafat à partir de 1992 et des accords d'Oslo, la délivrance enfin de rentes en bon argent à toute famille palestinienne dont l'un des membres se serait rendu responsable d'un attentat-suicide, à partir du déclenchement de l'Intifada des mosquées en l'an 2000.

Il faut rappeler aussi les interventions lourdes et meurtrières pratiquées sur ceux des responsables palestiniens dont la ligne plus ou moins modérée déplaisait aux dirigeants de Bagdad, parfois en collusion avec Arafat, parfois non. Le docteur Sartaoui, principale colombe palestinienne des années 1980 et ancien baasiste pro-irakien, sera ainsi assassiné lors d'une réunion de l'Internationale socialiste à Lisbonne en 1984, au grand soulagement de Yasser Arafat qui était complice de ce forfait. Au sein d'al-Fatah, ce seront les meurtres ciblés d'Azeddine Kalak, représentant de l'OLP à Paris, Nadim Kader à Rome et surtout Saïd Hammami, l'ami intime et l'associé d'Henri Curiel, à Londres. Ici, Arafat n'avait pas de responsabilité dans les meurtres signés Abou Nidal et avait même soutenu les ouvertures de ses diplomates improvisés en direction d'Israël. Mais la famille Hammami, qui n'avait aucun doute sur les instigateurs réels de ces meurtres en série, était allée demander des comptes à l'ambassade d'Irak à Paris, rue du Général-Appert, déclenchant une sanglante fusillade où un gardien de la paix fut sévèrement atteint par les barbouzes irakiens qui tiraillaient depuis les locaux de leur ambassade. Il va de soi que la France, encore giscardienne, mais cela aurait été du pareil au même avec d'autres forces au pouvoir, étouffera cette bavure de son grand allié au Moyen-Orient avec empressement, l'assentiment entier d'Arafat lui étant assuré. Enfin, le meurtre du numéro deux d'al-Fatah, Abou Ayad, à l'époque bien considéré par la CIA et les Egyptiens, quelques semaines après l'invasion du Koweït en 1990, résulte directement de son opposition de plus en plus explicite à Arafat qui soutenait vigoureusement Saddam Hussein, et de son appel à une conférence de réconciliation interarabe dont le but aurait été de forcer l'Irak à un retrait du Koweït.

Bref, le bilan de Saddam Hussein en matière d'usage de la violence armée et d'appui meurtrier donné aux forces antisionistes intransigeantes de la région ne devrait faire l'objet d'aucun débat. Ces actes eux-mêmes ne sont rien en comparaison de la persécution constante de la majorité chiite du pays, des massacres ciblés de celle-ci, notamment de la population insurgée de Bassora en 1991 et des « Arabes des marais » du voisinage, ainsi que des Kurdes qui, considérés par le régime comme sous-humains en tant que population non arabe de l'Irak, ont, eux, été soumis aux bombardements chimiques intensifs (à Halabyah notamment) que connaissaient dans le même temps les forces armées iraniennes, sur le front.

Pourquoi, dans ces conditions, doit-on constater que la violence répressive et barbare de Saddam Hussein a été minimisée, voire niée, par les gouvernements occidentaux ? Pour reprendre la célèbre expression du président Roosevelt, à propos du dictateur nicaraguayen Somoza, dans les années 1930, sans doute parce que si Saddam était bel et bien « un salopard », c'était aussi « notre salopard ». Une caractéristique court comme un fil rouge, dans toute la carrière de Saddam Hussein : l'anticommunisme le plus intransigeant. Contrairement au fondateur de la République irakienne, le général Kassem, qui demeurait proche de Moscou, le parti Baas, lui, dénonçait sans cesse l'emprise des communistes (alors majoritaires dans la ville de Bagdad, soutenus du reste par le plus grand nombre des juifs de la capitale), et accessoirement des ayatollahs chiites et des Kurdes. A la chute de Kassem, Saddam Hussein fait tuer par les forces spéciales du Baas, à Mossoul, la capitale sunnite du Nord, une bonne dizaine de milliers de militants communistes. Il avait auparavant échappé à la traque des « rouges » grâce à l'aide de l'attaché militaire espagnol, ce qui provoquera chez l'homme une sympathie profonde pour Franco et son régime. En 1973-74, grâce à l'intervention de Saddam auprès du gouvernement irakien, l'Espagne toujours franquiste sera exemptée de l'embargo pétrolier qui pèse sur le reste de l'Europe. A la même époque, très réticent à l'alliance soviétique que soutiennent de nombreux officiers irakiens, Saddam convaincra également le maréchal Bakr, alors chef de l'Etat, de jouer la carte d'une alliance sans cesse plus étroite avec la France, bénie initialement par les Etats-Unis eux-mêmes, qui y voient, bien à tort, un moindre mal. La France bâtira donc, on l'a déjà vu, sur décision de Valéry Giscard d'Estaing, la centrale nucléaire Osirak, et voudra sans cesse davantage vendre des armes à l'Irak (blindés, bombardiers Mirage, vedettes rapides, missiles Exocet). Toute la classe politique française est investie dans la même politique mise en œuvre par l'ingénieur général Sompeyrac (gauche, centre et droite), avec quelques enthousiasmes militants, tels ceux des socialistes Jean-Pierre Chevènement, Pierre Joxe, Claude Cheysson, des centristes Raymond Barre et Jean Lecanuet, et bien sûr de Jacques Chirac. A travers certains militants d'extrême droite, ce seront bientôt Le Pen et son Front National qui deviendront les meilleurs soutiens publics de Saddam Hussein en France. En Italie, le même lobbysme atteindra surtout le Parti socialiste de Bettino Craxi, et son truchement bancaire d'alors, la Banca Nazionale del Lavoro (d'où à l'évidence l'engagement de Craxi en faveur des terroristes pro-irakiens de l'*Achille Lauro* en 1986, contre, une fois n'est pas coutume, Ronald Reagan). Les Etats-Unis eux-mêmes, grâce à l'engagement anti-iranien du vice-président George H. Bush, vont surmonter leurs réticences, au milieu des années 1980, et fournir de plus en plus d'armes à Saddam (après une mission de coopération de Donald Rumsfeld, le futur ministre de la Défense de Bush II). En 1988 enfin, c'est l'intervention massive de la marine américaine qui, sous le prétexte de protéger les bateaux allant et venant à Koweït et agressés par la marine de Téhéran, contraint enfin les Iraniens à la défensive. Bien renseignées par les écoutes françaises, britanniques et américaines, les forces terrestres irakiennes infligent par la suite une défaite tactique significative à leur adversaire iranien sur la zone frontière de Bassora. Dans une note du président Rafsandjani, dont le texte intégral a été récemment révélé dans la presse iranienne par des amis d'Ahmadinedjad qui voulaient ainsi embarrasser leurs adversaires modérés, le président excipe de cette série de défaites que l'Iran ne peut plus continuer la guerre, sauf à imaginer des moyens militaires considérables, y compris l'arme nucléaire, dont il devrait se doter à l'avenir. Mais, à l'époque, personne ne prend très au sérieux cette menace d'un Iran assez mal en point. Le climat est plutôt à l'euphorie de la victoire, à Bagdad tout comme à Paris et à Washington.

Après un tel appui des principaux Etats de l'Occident, la sagesse conventionnelle était que « Sam », pour parler comme les officiers et ingénieurs français qui traitaient quotidiennement avec lui, était devenu un allié solide. C'est aussi la raison pour laquelle le grand ami de l'Irak qu'était devenu George Bush, entre-temps élu à la présidence des Etats-Unis, en novembre 1988, avait donné à son ambassadrice, April Glaspie, des consignes d'apaisement au dictateur, malgré les informations par satellite, qui indiquaient clairement le déploiement des forces blindées mécanisées irakiennes le long de la frontière du Koweït, pendant l'été 1991.

Nous venons de tomber ici sur l'un des engrenages qui ont conduit, par complaisance envers Saddam Hussein, à lui laisser trop longtemps les mains libres. Nous aurions pu imaginer en effet que Saddam étant le bénéficiaire choyé du bloc occidental, France et Etats-Unis en tête, ainsi que de l'ensemble du camp arabe conservateur, Arabie Saoudite, Egypte, Jordanie et Liban chrétien, il se serait produit à Bagdad une mutation semi-libérale, telle que nous l'avons connue au Caire avec Sadate. C'est mal comprendre Saddam que d'imaginer qu'il allait laisser libre cours à cette dérive. Tout en se servant de son ministre des Affaires étrangères, le catholique chaldéen Tarik Aziz, lequel incarnait d'autant mieux ce rôle de composition qu'il espérait le transformer en posture réelle, Saddam donnait constamment des signaux à son armée et à ses services secrets, pour que ceux-ci comprennent bien le caractère purement tactique du rapprochement avec Washington. La participation de l'Irak à l'arraisonnement de l'*Achille Lauro* en 1986, en plein affrontement particulièrement difficile avec Khomeyni, visait à envoyer un signal révolutionnaire aux Palestiniens et à contrer la propagande syrienne qui présentait le « voleur de Bagdad », comme « vendu à l'impérialisme et au sionisme ». L'absence de réaction de Washington et de Paris, par peur de l'Iran islamiste, ne pouvait que l'encourager à récidiver : c'est ce qu'il fera en plein déploiement naval de ses nouveaux alliés en 1989, en ordonnant à l'un de ses pilotes de chasse de tirer sur une frégate américaine, y causant d'importants dommages prétendument accidentels. Bush Ier se contentera de vagues excuses des Irakiens, mais le message de Saddam Hussein aux militaires baasistes était sans ambiguïté : nous ne serons pas très longtemps les alliés de l'Amérique, rassurez-vous.

Pourtant, après la reconquête du Koweït en 1991, Bush Ier, à la demande du roi Khaled d'Arabie, du président Moubarak d'Egypte et de François Mitterrand, avait décidé d'arrêter la contre-offensive avant de pénétrer en territoire irakien. Il imaginait encore, avec ses associés Baker et Scowcroft, que sensible à la mansuétude de la coalition alliée, Saddam allait enfin se tenir tranquille et observer les termes de l'armistice qu'il venait de signer. Il se trompait une nouvelle fois, lourdement.

Pour Saddam Hussein, l'armistice ne pouvait que préparer la revanche. Il savait que, par peur de l'Iran, l'Amérique ne pourrait jouer la carte d'une insurrection populaire qui donnerait la victoire à la majorité chiite du pays, alliée à la rébellion kurde, que ne prisait guère l'allié turc, sans parler du partenaire saoudien. Le seul souci de Saddam sera donc de contrecarrer les manœuvres de la CIA pour recruter un clone militaire, sunnite, violent et moustachu si possible, que les Américains installeraient à sa place. Par le meurtre, l'exil ou la simple intimidation, le dictateur nationaliste parvient ainsi à rendre son pouvoir, même diminué, totalement inaccessible à un coup d'Etat simple. Pendant cette période initiale

(1992-1997), il explore par ailleurs à tâtons toutes les avenues qui pourraient mettre fin à son isolement : c'est l'époque où Tarik Aziz est envoyé secrètement à Rome, au printemps 1992, pour prendre langue avec des émissaires israéliens au moment de la plus grande tension entre Jérusalem et la Maison-Blanche de Bush Ier. Mais, au même moment, Saddam poursuit le dialogue avec Rafsandjani qui, une fois débarrassé, par la mort de Khomeyni survenue en 1989, des rigidités idéologiques des vieux combattants de la révolution islamique, se montre intéressé à un arrangement avec Bagdad. Saddam lui propose donc une réconciliation spectaculaire pour combattre ensemble l'hégémonie régionale américano-saoudienne. Après avoir testé le sérieux de son interlocuteur, Rafsandjani, qui avait envoyé son propre fils discuter avec Oudaï et Koussaï, les deux rejetons assassins du raïs de Bagdad, refuse en fin de compte avec sagesse et aussi patriotisme persan, une constante permanente de sa politique, la main tendue par Saddam. L'Iran entame au contraire, à partir de 1994, une sorte de désescalade en dents de scie avec l'Occident, faute de mieux. Dans le même temps, Saddam Hussein décide de ranimer tous les réseaux possibles pour intimider les Occidentaux et leur donner le sentiment de leur isolement politique. Autrement dit, Saddam revient à la tactique du double langage qui lui avait si bien réussi dans la période précédente : combiner le dialogue diplomatique avec l'Occident matérialisé ici par la poursuite des inspections intrusives de l'Unscom, avec des actes terroristes ponctuels, dirigés contre les Etats-Unis et Israël, et suffisamment camouflés pour permettre un démenti plausible, à la manière des services secrets les plus classiques. Mais quels actes terroristes ? Ici, le débat est ouvert sur l'attribution de tel ou tel attentat islamiste survenu entre 1991 et le 11 septembre 2001. Et le problème devient double : Saddam Hussein a-t-il commis des actes d'agression délibérés, et lesquels, puisque la version officielle ne lui en attribue plus aucun ? Et s'il en a commis d'identifiables, pourquoi les autorités américaines, sous Clinton et même sous Bush II, ne les ont-elles pas dénoncés ?

Contentons-nous, pour l'instant, d'établir le premier point, quitte à revenir sur la seconde question dans un prochain chapitre : la réalité des attentats. En fait, Saddam Hussein n'a pas cessé de provoquer délibérément les Occidentaux dans le but de brouiller les cartes et de s'attacher des soutiens militants dans le monde musulman, tout à la fois contre les Etats-Unis et contre l'Iran. Une fois ce point acquis, on pourra même comprendre le dilemme dans lequel se sont alors eux-mêmes piégés les Américains et leurs alliés occidentaux.

Tout commence en avril 1993, lorsque Bush Ier, après sa défaite électorale, effectuait une tournée d'adieu à ses vieux amis, qui l'amenait au Koweït.

C'est là que sont interceptés deux tueurs irakiens qui avoueront que leur mission était d'assassiner l'ancien président des Etats-Unis. Embarrassé, Clinton, en accord avec Bush, se bornera à faire détruire, dans un bombardement aérien de nuit, le siège, vidé au préalable, des services secrets irakiens à Bagdad. Mais en se contentant de ce geste symbolique et volontairement inoffensif, l'Amérique admettait qu'elle n'avait pas les moyens de punir réellement Saddam, un an pourtant après que le dictateur eut signé une convention d'armistice qu'il respectait du bout des lèvres. Il est vrai que les inspections de l'Unscom se poursuivaient alors, et que le consensus international était qu'il ne fallait pas fournir de prétexte au tyran de Bagdad, pour qu'il puisse fermer la porte des enquêtes sur ses armes de destruction massive : la nécessité de « contenir » les ambitions iraniennes déconseillait aussi fortement, comme à l'accoutumée, une intensification des actions militaires contre l'Irak. Saddam, en tout cas, interprétera cette incertitude de l'adversaire comme un encouragement à poursuivre ses provocations de plus en plus fort. Mais cette fois-ci, la leçon de Koweït ayant porté, les attaques s'opéreront toutes « sous faux pavillon », de manière à donner le change. L'assassinat d'Henri Curiel, cinq ans plus tôt à Paris, avait fourni le mode opératoire : là-bas, Saddam avait utilisé ses excellents rapports avec le SDECE d'Alexandre de Marenches pour manipuler les Français dans une campagne de dénonciation du vieux leader communiste égyptien Henri Curiel, présenté – contre toute vraisemblance – comme un champion de la subversion. Cette préparation d'artillerie verbale fut suivie de l'achat du revolver ayant servi à l'assassinat du gardien de l'Amicale des Algériens (pris à tort pour le président de cet organisme), par un mystérieux groupe « Charles Martel » issu de l'extrême droite française, et qui pourrait fort bien, telle la Main rouge dans la France des années 1950, n'avoir été que le faux nez des services français. Si les Irakiens avaient pris moins de gants avec les différents responsables palestiniens occis ouvertement dans les mois précédents, c'est sans doute que Curiel bénéficiait de grandes protections, essentiellement soviétiques, qui impliquaient qu'on pût opposer aux éventuels accusateurs de Saddam, à Moscou, un démenti plausible.

A une tout autre échelle, la même méthode sera employée à deux reprises : le premier bombardement, terrestre celui-là, des tours du World Trade Center en 1993, effectué notamment par des agents irakiens identifiables, est ici opéré sous le masque d'un groupe intégriste new-yorkais presque folklorique. Par la suite, le bombardement beaucoup plus opaque des tours de Khobar, en Arabie Saoudite, visait tout à la fois l'armée de l'air américaine et la garde nationale saoudienne commandée par le prince Abdallah, honni de

Saddam. Dans le premier cas, New York, l'implication des islamistes locaux, recrutés depuis son pénitencier par l'assassin emprisonné du rabbin extrémiste Meir Kahane, un Palestinien du nom de Nosaïr, ne fait guère de doute. Le cheikh Omar Abdel Rahman, de Brooklyn, le parrain recruteur de Nosaïr, faisait partie de la nébuleuse extrémiste des Frères musulmans égyptiens qui, peu à peu, se retrouvera dans les rangs d'al-Qaïda. Nosaïr, lui-même, en pleine islamisation carcérale, faisait partie à l'origine, tout comme son maître et ami Khaled Mohammed Cheikh, du groupe palestinien Abou Nidal, au service tantôt de la Syrie tantôt de l'Irak. Mais, derrière ce rideau islamiste, dénoncé finalement par les inculpés aux autorités américaines, on discerne l'action directe des services irakiens, ce qui embarrassera considérablement les autorités de Washington. Le chef du groupe, Ramzi Youssef, n'est autre que le neveu de Khaled Mohammed Cheikh, qui deviendra, peu après, le véritable chef d'état-major d'al-Qaïda et le principal responsable des attentats du 11 septembre. Elevé à Koweït, Youssef est originaire, tout comme son oncle, du Baloutchistan pakistanais, où il se réfugiera un temps. On le retrouvera, avec Ben Laden pour commanditaire, dans plusieurs tentatives d'assassinat de Benazir Bhutto.

Pour les mêmes raisons qu'auparavant, l'administration Clinton décidera de s'en tenir à la fiction d'un attentat opéré par des fanatiques islamistes, enivrés d'idéologie. Pourtant, ni Ramzi Youssef qui finira par être exécuté par les autorités américaines, ni son oncle Khaled Mohammed Cheikh, arrêté après une longue traque au Pakistan en 2004 et interné depuis lors à Guantanamo, n'ont été décrits par les témoins qui les ont croisés comme des musulmans fanatiques. C'est même tout le contraire, au moins en matière de sexualité permissive et d'alcool. Il y a enfin beaucoup à dire sur le Baloutchistan comme plaque tournante de plusieurs terrorismes et club de rencontres échangistes entre services secrets irakiens et pakistanais : peuple iranien, proche cousin des Kurdes, les Baloutches vivent entre l'Iran à l'ouest, et pour l'essentiel le Pakistan à l'est. Après la révolution de Khomeyni, le plus haut militaire baloutche de l'armée iranienne, le général Palisban, qui commandait la garde impériale du Chah, se réfugie chez lui, sur les confins irano-pakistanais, pour y mener le harcèlement des gardiens de la révolution, les pasdarans. Avec le déclenchement de la guerre du Golfe entre Téhéran et Bagdad en 1980, les services secrets irakiens, avec le consentement de l'ISI pakistanaise, ouvrent une base au Baloutchistan pour surveiller l'Iran sur ses arrières orientaux, en soutenant d'abord Palisban, puis de plus en plus des groupes jihadistes locaux entretenus par l'ISI. C'est là, au pays de Ramzi Youssef et de son oncle Khaled Mohammed Cheikh, que des liens de plus en plus étroits s'établissent entre l'Irak de Saddam et le Pakistan de Zia ul-Haq, le tout à l'insu de la CIA.

Quant au Palestinien Abou Nidal, il meurt à Bagdad, où il avait fini par trouver refuge, quelques semaines seulement avant l'attaque américaine de 2003 : l'explication généralement retenue est que Saddam se soit débarrassé de son ancien affidé qui en savait trop, risquait d'être capturé par des forces hostiles et, ainsi, de se mettre à parler. Le réchauffement des relations entre Arafat et Saddam après l'an 2000 peut également avoir nui à Abou Nidal. Quoi qu'il en soit, nous n'hésitons pas à poser la question : ces informations dangereuses dont Abou Nidal était l'un des détenteurs ne pouvaient-elles pas concerner deux questions capitales ? L'implication de l'Irak dans la rupture israélo-palestinienne de l'an 2000, et surtout l'implication du même Irak dans la formation, le financement et le renforcement d'al-Qaïda, à partir ici d'une alliance avec les services spéciaux pakistanais, lesquels, rappelons-le, combattaient un même ennemi principal : l'Iran.

Précisément, c'est dans ce contexte qu'il nous faut à présent examiner de très près le complot des tours de Khobar de juin 1996. Peu auparavant, en avril 1996, le gouvernement saoudien était parvenu à arrêter quelques-uns de ses citoyens soupçonnés d'avoir participé à l'explosion d'une bombe en novembre 1995, devant l'ambassade américaine à Riyad. Et voici que le mouvement qui avait revendiqué cette première attaque (« le mouvement pour le changement islamique », une étiquette bien vague) s'attribuait également la seconde, celle des tours de Khobar. Ces fameuses tours étaient devenues le casernement permanent d'aviateurs américains qui effectuaient, à partir du territoire saoudien, des missions de combat sur l'Irak de Saddam. Au même moment, Saoudiens et Syriens venaient de tomber d'accord pour exercer ensemble une pression sur l'Irak, et de tenir tête également ensemble au nouveau gouvernement Nétanyahou en Israël. Cette idée d'une convergence saoudo-syrienne avait été défendue avec insistance par le prince Abdallah, lui aussi victime indirecte, à sa travers sa garde nationale, de tous ces attentats en chaîne. Ceci rend particulièrement improbables les résultats de l'enquête menée alors par le ministère de l'Intérieur saoudien dirigé par le prince Nayef, le plus fanatique islamiste de la branche soudaïri de la famille royale, connu pour sa détestation des Etats-Unis et sa haine de son demi-frère Abdallah, ami proche et proclamé du gouvernement syrien de Hafez Assad : tout en refusant de partager le moindre indice avec le FBI, la police saoudienne affirmait en effet que l'attentat avait été ourdi par un parti clandestin de la minorité chiite saoudienne, le Hezbollah, pour le compte des services iraniens et avait bénéficié de l'aide logistique des Syriens. Deux cents arrestations, une véritable rafle, furent opérées dans la communauté chiite saoudienne, tandis que l'un des protagonistes mis en cause, Sayegh, était arrêté au Canada, où il fit tout pour éviter la déportation en Arabie Saoudite. Une fois entre les mains du FBI, il avoua un recrutement, très vraisemblable au demeurant, par les services iraniens, mais qui n'avait donné lieu, selon lui, qu'à un simple repérage d'objectifs sensibles, à l'intérieur du royaume.

Par contre, on sut bientôt qu'Oussama Ben Laden, qui venait de quitter Khartoum pour l'Afghanistan des talibans, avait salué l'acte libérateur de la destruction des tours de Khobar. Un rapport de la CIA fort crédible, qui fit surface sous la plume du journaliste Bill Gertz, un vétéran du renseignement américain, dans le quotidien conservateur *Washington Times*, faisait état de la participation de Ben Laden à l'attentat de Khobar de la manière suivante : peu avant de quitter Khartoum, Ben Laden aurait rassemblé au Soudan une conférence de spécialistes des attentats, puis financé l'expédition de l'explosif tchèque C4 à Qatar, d'où il avait été remis aux auteurs de l'attentat.

Or, à cette même période, autour de 1996, l'Iran de Rafsandjani cherchait à adopter un profil plutôt bas, et à se réconcilier avec l'Arabie Saoudite à travers l'intermédiaire de l'allié syrien. Un attentat fomenté par al-Qaïda contre les Américains en Arabie Saoudite, et que les opposants à toute détente avec Téhéran (le prince Nayef) allaient imputer aux chiites saoudiens, faisait parfaitement l'affaire des opposants à la détente Ryiad-Téhéran.

Mais il y a mieux : le rapport de la CIA indiquait qu'à la conférence de Khartoum organisée par Ben Laden, avait participé un chef du renseignement irakien au Soudan, Farouk Hedjazi. Le même Hedjazi visitera encore Ben Laden en Afghanistan en 1998, pour y établir une coopération. Ce qui apparaît en définitive de l'affaire de Khobar, c'est la conjonction de l'extrême droite religieuse saoudienne très influente au ministère de l'Intérieur, d'Oussama Ben Laden et des services de renseignement irakiens. Une fois de trop.

Il faut comprendre qu'à ce moment-là une convergence souterraine s'était opérée entre la droite « soudaïrie » du prince Nayef et Saddam Hussein. Les Soudaïris, issus d'une épouse d'Ibn Saoud appartenant à l'aristocratie wahhabite du Nedjd, constituent la force principale de la famille royale saoudienne depuis la fin des années 1970 et l'assassinat de Fayçal. Très anticommunistes pour la plupart, ils contrôlent la défense avec le prince Sultan et son fils homonyme, une partie de la diplomatie avec l'ambassadeur longtemps inamovible à Washington, Bandar, adopté par Sultan, bien que fils d'une esclave soudanaise, et enfin la police avec Nayef, le frère cadet de Sultan.

Contre Abdallah qui prônait sans relâche le dialogue avec Damas, et à terme Téhéran, Nayef, lui, pensait et faisait écrire que le péril chiite constituait de loin la menace la plus importante pour le royaume. Or, à ce moment-là, Saddam avait perdu tous les éléments de son jeu avec l'Iran : après l'échec de son rapprochement avec les hommes de Rafsandjani, l'échec parallèle de son début de dialogue avec les chiites d'Irak, par le truchement de l'ayatollah Bakir Sadr, que Saddam Hussein avait fini par faire éliminer physiquement bien qu'il fût son seul allié religieux chiite, traditionnellement favorable au nationalisme arabe [1]. Au comble de la déception, Saddam Hussein s'était retourné une fois de plus contre la majorité chiite des Irakiens ; il devenait ainsi jusqu'à un certain point compatible avec la politique profonde des oulémas wahhabites du Nedjd... et aussi des talibans violemment antichiites d'Afghanistan, bien sûr. A cette même époque, Khaled Mohammed Cheïkh, rallié à al-Qaïda, organisa un spectaculaire attentat profanateur dans le haut lieu chiite iranien de Machad, et auparavant, dans la même ville, une tentative d'assassinat, en plein jour, du président Rafsandjani, toujours grâce à un réseau subversif sunnite de réfugiés afghans dans la métropole de l'Est iranien.

1. Le mollah Moktada Sadr, qui souhaitait se lancer dans un grand jihad antiaméricain en 2003, contre l'aveu de tous ses collègues, n'est autre que le fils de Bakir Sadr, qui avant de devenir l'une des nombreuses victimes de Saddam fut tout de même son allié durant un temps.

Il y a mieux : on assiste, toujours à la fin des années 1990, à une ré-islamisation sunnite, d'abord rampante, puis quasiment officielle du régime baasiste d'Irak, naguère laïque. On interdit de plus en plus le travail des femmes à Bagdad, on autorise très largement l'action des confréries sunnites les plus intégristes sur le territoire irakien, on établit des ponts avec les Frères musulmans syriens, pour finir vers 2000 par broder des versets du Coran sur les drapeaux de l'armée.

On peut donc conclure l'analyse de cette quatrième équation irakienne. Vers la fin de l'année 1999, Oussama Ben Laden commence, selon les dires de plusieurs témoins, à planifier l'attaque aérienne de New York et de Washington. A ce moment-là, une convergence croissante s'opère entre trois forces : 1) l'intégrisme saoudien antiaméricain, lequel est en passe grâce à l'action du prince héritier Abdallah de devenir minoritaire dans les forces profondes du royaume, mais peut s'appuyer sur le soutien du ministre de l'Intérieur, le prince Nayef, lui aussi antichiite fanatique ; 2) l'armée pakistanaise, qui vient d'arracher le pouvoir aux civils, après un fiasco au Cachemire, qui soutient à bout de bras les talibans du mollah Omar, et qui vient de brûler ses vaisseaux avec Washington avec l'explosion surprise de sa bombe atomique de 1998 ; 3) le régime saddamiste irakien, qui sort du protocole des inspections des Nations unies, après le démantèlement de son programme nucléaire clandestin par l'Unscom.

Ces trois forces constituent le soubassement de l'émergence stratégique d'al-Qaïda. Elles vont toutes les trois, et presque à part égale, aider Oussama Ben Laden à lancer son entreprise indépendante. Mais elles ne pilotent pas une organisation dont les chefs, fortement mégalomanes et aristocratiques, n'entendent en aucun cas se soumettre à l'un quelconque de leurs alliés, anciens comme récents. Les chefs d'al-Qaïda méprisent le laïcisme, même atténué, de Saddam Hussein qu'ils voulaient combattre lors de l'invasion irakienne du Koweït en 1991 ; ils gardent tout autant leurs distances d'avec un Nayef qui, à leurs yeux, ne cesse de jouer double jeu, même si, en 2002-2003, il s'arrangera encore pour laisser faire une partie des groupes armés d'al-Qaïda qui étaient partis à l'offensive en Arabie Saoudite. Quant à l'armée pakistanaise, ils y entretiennent de solides amitiés, mais ils n'ignorent pas que la haute hiérarchie militaire, le général Mousharraf en particulier, entend préserver des liens avec l'Occident britannique et américain.

Quant au dernier partenaire possible, le Soudan du cheikh Tourabi, il est, lui, trop proche de l'Iran et trop instable. Tourabi a déjà perdu à ce moment-là l'essentiel de son pouvoir au profit de sa créature initiale, le général Omar Béchir, mieux vu des Saoudiens. On peut même ajouter que, pour survivre à la dureté des temps, al-Qaïda, comme une agence d'événementiel moderne, mais autrement sanguinaire, prête son organisation à des interlocuteurs nouveaux : l'attentat contre le mausolée de l'imam Reza à Machad en 2001, auquel nous avons déjà fait allusion, est organisé, selon ses propres dires, par le mercenaire Khaled Mohammed Cheikh, pour le compte des talibans, bien que la direction d'al-Qaïda ne partage pas en réalité les sentiments antichiites extrêmement violents de ses bailleurs afghans, irakiens et même pakistanais. Le même Khaled Mohammed Cheikh s'était rendu quelques années plus tôt, dans les mêmes conditions, à Manille, pour organiser un attentat contre le pape Jean-Paul II, afin de bénéficier de l'aide financière et logistique de la Jamaa Islamyah indonésienne de Hassan Bakir qui a conçu cet acte, dans le cadre de son idéologie, ici violemment antichrétienne. Al-Qaïda sera payée de retour avec l'attentat de Bali en 2002 organisé, en son nom, par le même groupe javanais, depuis lors ménagé par les autorités indonésiennes, après la très douce condamnation de son chef à quelques années de prison.

Dans le cas des attentats des ambassades américaines de Nairobi et Dar es-Salaam en 1998, la commandite principale est évidemment soudanaise puisque le pouvoir de Khartoum, qui a été mis à genoux par les pressions américaines, est en train de lâcher prise dans le sud chrétien et sécessionniste du pays, et considère à juste titre que Kenya et Tanzanie n'ont cessé depuis quarante ans d'appuyer la rébellion antiarabe du général Garang, et avant lui de ses prédécesseurs du mouvement Anyanya. Mais ces ententes ponctuelles ne signifient pas qu'al-Qaïda obère par là son indépendance stratégique véritable. Il est hors de doute qu'au-delà des talibans qui assuraient à l'organisation le gîte et le couvert, Oussama Ben Laden a su trouver au Pakistan et en Irak des concours matériels précieux. Mais il me semble hors de question, au regard de leur gêne ultérieure, que les chefs de l'ISI, Saddam Hussein encore moins, aient eu la moindre idée de ce que tramaient réellement leurs protégés. L'auraient-ils eue qu'ils auraient tenté de les rediriger vers des cibles moins lourdes de conséquences tragiques que New York et Washington. Oussama Ben Laden, Ayman Zawahiri et Khaled Mohammed Cheikh ont bel et bien agi seuls, et édifié, sans aide extérieure importante, quelques repaires fortifiés et souterrains comme celui de Tora Bora.

Le défecteur irakien Wafik Samarraï a, par contre, fourni des détails essentiels sur le camp d'entraînement irakien de Salman Pak où des terroristes amis de Saddam s'entraînaient sur des simulacres d'avions de ligne aux techniques de la piraterie aérienne et de la prise d'otages. Il affirme y avoir vu, vers l'an 2000, un groupe en formation d'une quarantaine d'Arabes en provenance d'Afghanistan. Sans doute s'agissait-il de Mohammed Atta et de la plupart des hommes du 11 septembre qui venaient perfectionner leur technique. Mais rien n'indique que Saddam et ses barbouzes baasistes aient eu la moindre idée de l'ampleur de l'action envisagée, à laquelle ils prêtaient ainsi la main.

Même observation pour les Pakistanais. On sait que le chef de l'aviation, le général Houmayoun, entretenait de très proches contacts avec Abou Zoubeida, l'administrateur palestinien d'al-Qaïda. Il est très difficile de penser que les très élémentaires leçons de pilotage qu'ont reçues sur le territoire américain les terroristes du 11 septembre aient pu suffire à la réalisation de leurs exploits. Ainsi, des spécialistes d'Air France que j'ai pu interroger m'ont confirmé que l'exercice consistant, sur simulateur, à passer au milieu d'un petit rectangle, équivalent de l'une des tours de New York, requerrait quelques centaines d'heures de vol sur Boeing, et non quelques dizaines sur Cessna. La réponse est donc simple : al-Qaïda a sans doute formé ses pilotes sur une base pakistanaise pendant au moins deux ans, et leur a créé pendant leurs derniers mois une « légende » plausible dans les écoles de pilotage américaines pour masquer aux yeux des non-spécialistes la complicité évidente de l'armée de l'air pakistanaise. Sans parler de l'un des pilotes toujours non identifié parmi les acteurs du 11 septembre, qui pourrait bien avoir été un aviateur militaire véritable, qui se serait porté volontaire pour le suicide, au milieu des jihadistes civils.

Je demeure entièrement persuadé qu'aucun officiel pakistanais ne savait en revanche à quoi allait aboutir l'aide technique qu'ils apportaient à leurs amis arabes. Enfin, des rapports crédibles, il faut y revenir, montrent que ni Ben Laden ni Zawahiri n'ont jamais partagé les préjugés violemment anti-iraniens et antichiites de leurs sponsors. Encore à Khartoum, Ben Laden avait déjà sondé les hommes de la brigade al-Quods (les services spéciaux des pasdarans) sur la possibilité de trouver un asile en Iran. Ces contacts ont dû être repris en 2001, puisque les Iraniens accepteront de conférer leur protection à un groupe de deux cents terroristes, dont le chef des opérations spéciales d'al-Qaïda, Saïf el-Adl, qui se terre toujours à Yazd, au centre du pays, en ce début de 2009. (Ahmedinedjad semble avoir envisagé de les libérer tous, dans le cadre d'une stratégie anti-israélienne radicale, liée à son passage en force au stade nucléaire.) Les théoriciens d'al-Qaïda, et plus particulièrement Zawahiri, rêvent de récupérer toutes les forces de l'Islam, chiites comme sunnites, dans un jihad unique. Ce n'est plus le cas de leur allié Zarkaoui en Irak, mort en 2006, ni des baasistes irakiens qui survivent en alliance avec son mouvement, ou encore du prince Nayef qui les couvre et des généraux pakistanais qui les admirent. Mais ceci, comme le disait Kipling, est une autre histoire : celle des rapports tourmentés de la révolution iranienne et de l'islamisme nihiliste le plus radical.

Mais avant cela, il convient de braquer le projecteur sur l'Amérique elle-même, sa perception de la menace, entre 1998 et 2001, et sa réaction spontanée au désastre du 11 septembre.

Le piège

Comment comprendre l'accumulation de silences et de mensonges, pas toujours, loin s'en faut, on le constatera bientôt, dans la direction qu'on impute à George W. Bush, qui caractérise, tous partis et présidents confondus, l'attitude de l'administration américaine ? Ayons d'abord à l'esprit le culte du secret qui ne remonte pas aux ultimes dernières années : on soulève à peine le coin du voile sur les provocations navales délibérées de Roosevelt, tant en direction du Japon que de l'Allemagne, dès la fin de l'année 1940, dans le seul but, moralement incontestable, de précipiter l'Amérique dans la guerre antifasciste contre la volonté de son opinion publique. Autre secret honorable : les contacts clandestins de l'administration Truman et du secrétaire d'Etat Dean Acheson avec les communistes chinois dès 1948, avec l'espoir, là-bas, de provoquer l'apparition chez Mao et Chou Enlaï d'une sorte de « titisme asiatique », finalement déjoué par Staline grâce à la guerre de Corée, qu'il avait ourdie de part en part. Et presque acceptable, le silence assourdissant qui accompagne le licenciement du putschiste potentiel qu'avait toujours été MacArthur, toujours par Truman et Acheson en 1951, lesquels avaient auparavant fait sonder Eisenhower à Paris au siège de l'OTAN, en lui promettant quasiment, en échange de son soutien ou seulement de sa tranquillité, une candidature à la présidence absolument facile en 1952. Et que dire, après la désastreuse exécution des époux Rosenberg en 1953 condamnée par une bonne partie de l'opinion publique, de la décision prise, discrètement et tranquillement là encore, de laisser filer à l'étranger le plus grand nombre d'espions nucléaires américains possible, afin d'éviter de nouveaux martyrs, à charge pour les Soviétiques de les recaser, qui à Oxford, qui à l'Unesco, qui dans une galerie d'art londonienne ?

Après les obfuscations de gauche et de centre gauche sont évidemment venues, même avant et pendant ces dernières, les tromperies de droite et d'extrême droite : minimisation des effets des explosions atomiques dans l'atmosphère, expériences médicales douteuses et même démentes de la CIA sur la manipulation des cerveaux, rôle des grandes associations du crime organisé dans l'action couverte des Etats-Unis à l'étranger, de la mafia en Sicile en 1943 à certains dockers marseillais entre 1944 et 1948, puis aux producteurs d'héroïne d'Asie du Sud-Est et aux propriétaires de casinos cubains. Quant aux lentes manœuvres de dénégation des autorités, après l'assassinat de John Fitzgerald Kennedy, avec la complicité revendiquée de la bonne presse de gauche de la côte est, qui n'en connaît aujourd'hui l'ampleur ? Le mensonge politique est donc devenu peu à peu une composante importante de l'action de l'Etat américain. On retrouve bien sûr ailleurs des phénomènes d'ampleur comparable, mais l'Amérique est aussi la première puissance mondiale, et les mensonges qu'elle s'autorise ont pour effet de se propager à la surface de la planète entière. D'où sans doute leur relative importance.

Après un grand déchirement du voile, avec Watergate et la fin de la guerre du Vietnam, où a lieu notamment la production par le directeur de la CIA, Colby, devant la commission sénatoriale Church, de l'arbalète aux flèches empoisonnées qui avait été conçue, ente mille autres gadgets, pour tenter d'assassiner une nouvelle fois Fidel Castro, on assistera à un grand déballage qui, depuis lors, nous a permis de mieux comprendre les mécanismes fondamentaux du mensonge d'Etat aux Etats-Unis. Mais celui-ci n'a pas cessé pour autant : Reagan a enterré les conclusions de la commission de la Chambre des représentants « sur les assassinats » (ceux des deux frères Kennedy et de Martin Luther King), dès son avènement : celles-ci consistaient à établir qu'il y avait bien eu, dans les trois cas, complot organisé. L'Irangate, c'est-à-dire la diplomatie secrète en direction de l'Iran et le contournement, dans le même mouvement, des résolutions parlementaires interdisant la déstabilisation du Nicaragua, ont abouti à de nombreuses morts suspectes, des dénégations, et finalement des arrestations (sans compter l'accident d'avion inexpliqué qui causa la mort du premier instigateur de l'opération, l'Israélien Amiran Nir). Colby lui-même s'est noyé en kayak, dans la banlieue de Washington, en l'an 2000, dans des conditions parfaitement inexpliquées, lesquelles pouvaient être le résultat d'une vengeance interne à la CIA.

On le voit, les coups tordus, loin d'appartenir à un passé lointain qui ferait penser à l'ancien Far West du cinéma hollywoodien, existent bel et bien, à Washington et de nos jours. En l'occurrence, de quoi s'agit-il avant tout ici ? De l'importance démesurée prise par la Bourse et les sondages, ces deux interférences majeures qui paralysent, en de nombreux pays, l'action des pouvoirs publics, et ne sont pas près de cesser de le faire avec la crise mondiale, au détriment des gouvernements élus.

La Bourse tout d'abord : la plus grande destruction causée par le 11 septembre a porté sur les valeurs mobilières. En une journée, le marché des actions perdait 60 % de sa cotation, le 14 septembre 2001, à la réouverture des transactions. La riposte patiente de la Fed d'Allan Greenspan, réinjectant plusieurs milliards de dollars dans l'économie privée pour ranimer la confiance, aboutira à un spectaculaire rétablissement, en l'espace de quatre mois. Au printemps 2002, les Bourses de New York et de Chicago avaient retrouvé leurs niveaux du 10 septembre 2001. Pour arriver à ce redressement spectaculaire, il aura fallu prioritairement rassurer une opinion tétanisée par la peur : la rapide victoire de Rumsfeld en Afghanistan, dès octobre 2001, fut pour beaucoup dans le redressement du moral de la nation. Mais pour cela, il aura fallu aussi désinformer massivement sur le danger de guerre bactériologique et différer toutes les informations sur la prolifération nucléaire pakistanaise, pourtant déjà connue.

Une analyse un peu détaillée de l'affaire de l'anthrax s'impose ici pour mieux comprendre de quoi il retourne. L'affaire du courrier chargé d'anthrax (ou poudre de la bactérie du charbon) se déroule en effet en toute simultanéité avec la difficile reconstruction de l'automne 2001. Très vite, des indices concordants permettent de penser, à juste titre évidemment, que l'apparition de cet anthrax est liée aux attentats du 11 septembre. Certains des courriers mortels n'ont-ils pas été postés de Princeton et de Trenton, non loin des lieux où se reposaient certains pilotes du 11 septembre à la veille de leur action ? Auparavant, ces pilotes avaient aussi séjourné en Floride où eut lieu un autre incident suspect : l'apparition d'une infection chez l'un d'eux, qui avait tout d'un contact accidentel avec l'anthrax, un mois et demi avant le déclenchement de l'attaque sur New York.

D'autres indices viennent rapidement s'ajouter : on trouve chez le pilote franco-marocain Zakarias Moussaoui – qui n'avait pas pu au dernier moment participer à l'action, et sera arrêté quelques jours plus tard, grâce à la DST française – un manuel d'épandage agricole qui correspondait à son souhait d'effectuer un stage de pilotage spécialisé dans la diffusion d'insecticides. Al-Qaïda se préparait donc bien à la guerre bactériologique. Les terroristes du 11 septembre avaient même visité une entreprise de Floride spécialisée dans les pesticides.

Pour accroître l'angoisse, on apprend bientôt que l'anthrax expédié par la poste, et qui a déjà causé la mort d'une poignée de récipiendaires par asphyxie, est de « qualité militaire », c'est-à-dire que les grains utilisés dans sa confection sont broyés suffisamment fin pour entrer tout de suite dans le système respiratoire et y causer le maximum de dégâts. Or, cet anthrax « militaire » ne se trouve pas facilement, même dans le commerce de contrebande des armements illicites. Outre les Etats-Unis, la Russie, la Chine et très probablement Israël, l'anthrax est disponible peut-être en Irak et, selon certaines sources, en Syrie. On apprend, peu après, qu'un contact s'est établi à Prague, quelques mois auparavant, entre l'organisateur sur le terrain du 11 septembre, l'Egyptien Mohammed Atta, et l'attaché militaire irakien. Il s'agit en réalité d'un malentendu sur la personne d'Atta, déjà sur le territoire américain à la date invoquée, mais pas sur la réalité du contact. Très vite, beaucoup d'observateurs estiment que c'est sans doute là, en République tchèque, que le lien a pu être établi entre le client, al-Qaïda, et le fournisseur, l'appareil de guerre bactériologique irakien. (Ni Israël, ni la Syrie, ni la Russie, ni la Chine ne peuvent être sérieusement soupçonnés, al-Qaïda reprochait amèrement par exemple à Damas son engagement au côté des Iraniens en Afghanistan.) Il faut en fait rapprocher l'affaire de Prague, où apparaît faussement Atta, de la visite d'information susmentionnée, bien réelle celle-là, du même Atta et de plusieurs de ses complices, en juillet 2001, à l'usine South Florida Crop Care de Tampa, spécialisée en pesticides. Et après tout, Atta n'aurait-il pas pu aller et venir entre les Etats-Unis et Prague, où l'un de ses collaborateurs usurpa sans doute son identité ?

Or, au moment où les hypothèses s'emballent, ce sont les autorités américaines qui, en cet automne 2001, font tout pour exonérer Saddam Hussein et al-Qaïda : d'abord, sous la dictée de la CIA, les services secrets tchèques se désavouent eux-mêmes, et censurent leur propre président, Vaclav Havel ; ceux-ci le font revenir sur ses déclarations initiales qui attestaient de la réalité des rencontres Irak-al-Qaïda de Prague. Celles-ci ont pourtant bien eu lieu, pas avec Atta sans doute, mais selon moi avec le chef de l'organisation spéciale du groupe, Saïf el-Adl. Puis, le FBI annonce rapidement que son enquête sur l'origine de l'anthrax l'a mis sur une piste intérieure – une sorte de réédition de l'action du terroriste d'extrême droite Timothy MacVeigh, à Oklahoma City – particulièrement rocambolesque, et baptisée très vite par le FBI l'« Anthrintox ». Un laboratoire américain aurait fourni l'anthrax, au lendemain du 11 septembre, à son corps défendant, à un provocateur non identifié. Après avoir soupçonné un malheureux chercheur égyptien de la base militaire de guerre biologique de Fort Detrick, parfaitement innocent, le FBI finit par jeter son dévolu sur un Américain récent, mais blanc d'origine rhodésienne, qui avait servi dans les services spéciaux du régime raciste de Ian Smith – les Selu Scouts – puis sans doute participé à des programmes sud-africains de guerre bactériologique, avant d'être recruté comme agent contractuel par le Pentagone. D'opinions très à droite, le chercheur en question, Steven Hatfield, selon des fuites organisées par le FBI, aurait lui-même envoyé ses courriers mortels pour créer une prise de conscience dans l'opinion du danger bactériologique, au lendemain du 11 septembre. Pendant les six années suivantes, aucune inculpation n'a pourtant été prononcée contre Hatfield, et l'affaire de l'anthrax presque classée sans suite. Les deux inculpés à tort obtiendront d'importants dédommagements du FBI.

L'opinion a cessé entre-temps de demander des comptes, et ceux qui croyaient à l'existence d'un tel programme bactériologique irakien mis au service d'al-Qaïda ont décidé de se taire. Quant à l'opinion de droite, minoritaire, elle souhaitait ne pas embarrasser George Bush davantage, s'il avait voulu étouffer cette affaire pour des raisons d'Etat, au moment où le président avait toutes les peines du monde à se justifier de l'absence d'armes de destruction massive, sur le terrain, en Irak.

Pourtant, outre l'arrêt brutal de la piste « américano-rhodésienne », que constate-t-on ? On peut avancer les conclusions suivantes :

— Que dans cette hypothèse, on avait antidaté les courriers meurtriers aux fins de faire croire qu'ils avaient été émis avant le 11 septembre, alors que la provocation serait immédiatement postérieure. L'enquête du FBI a permis de confirmer cette hypothèse, et donc la vraisemblance d'une provocation, sans en apercevoir clairement l'origine ou les motivations profondes.

— Que les officiers de renseignement tchèques étaient eux-mêmes des mythomanes et des boutefeux, ce qui paraît tout de même peu probable. Et de fait, en réalité, cette allégation se révèle parfaitement fausse. Les Tchèques se sont rétractés à la demande de la CIA elle-même. Une rencontre suspecte impliquant l'ambassade d'Irak a bien eu lieu à Prague, comme l'avait indiqué le président Havel lui-même. On n'en connaît pas le but, à ce jour.

— Que non seulement la spécialisation de Moussaoui en guerre bactériologique aérienne serait due au hasard, ou à une série indépendante du 11 septembre, mais aussi que ce serait pur hasard également si un dentiste de Floride a eu à soigner l'infection d'un des futurs terroristes du 11 septembre, avec de fortes doses de pénicilline car sa jambe avait été infectée par un corps étranger ressemblant fortement à de l'anthrax. Sans doute ici une erreur de manipulation d'un produit délicat. L'hypothèse de la série causale indépendante, peu vraisemblable à première vue, va pourtant se révéler partiellement exacte.

— Si l'on y ajoute que six ans auparavant, en 1996, il y avait bien eu un chercheur militaire en guerre bactériologique et chimique, qui avait répandu un gaz faiblement toxique dans le métro de Boston pour, selon ses dires à ses collègues, rendre l'opinion plus sensible au danger des armes de destruction massive, et l'on a le scénario lénifiant du FBI, inspiré d'un fait divers réel. Circulez, il n'y a rien à voir. Tout comme lors de la tentative d'assassinat de Bush Ier à Koweït, minimisée par l'administration Clinton, comme après la première tentative de 1992 de faire sauter les « Twin Towers » à partir d'explosifs en sous-sol, attribuée à une poignée de fanatiques déconnectés, comme après les deux attentats intégristes visant la garde nationale saoudienne et les tours de Khobar en 1996, comme après les terribles attentats contre les ambassades américaines en Afrique orientale de 1998. Tous événements traités alors comme s'ils ressortissaient de la criminalité ordinaire, ou presque.

La question de l'Irak, la question du Soudan, la question des complicités saoudiennes et pakistanaises ne seront ainsi jamais posées dans toute leur ampleur. George Bush y est évidemment pour quelque chose, puisqu'il a suivi au départ, en tout, les analyses apaisantes et lénifiantes de son directeur de la CIA, l'ancien attaché parlementaire démocrate nommé par Clinton, George Tenet. Que conclure dans ces conditions ?

La solution bien complexe commence à apparaître enfin en 2008, au moins pour la réalité de la tentative de guerre bactériologique. L'anthrax de qualité militaire provenait bien d'un laboratoire américain (l'hypothèse « Anthrintox », émise d'emblée par le FBI). Au terme d'une longue traque, le FBI finissait par tomber sur un Docteur Folamour plausible, un professeur de bactériologie du nom d'Ivins, aux entrées très faciles dans le laboratoire militaire de Fort Detrick, aux opinions d'extrême droite et à la paranoïa galopante. Les courriers expédiés de Princeton ou de Trenton au

Congrès ont donc bien été envoyés par lui, pour « accélérer la prise de conscience de l'opinion », du moins peut-on le penser, puisque Ivins, serré de près par le FBI, s'est suicidé en août 2008, à l'issue d'un interrogatoire où il venait d'être confondu. Mais est-ce bien le seul phénomène en cause ? Un élément étrange est apparu très tôt dans l'enquête officielle, la présence côte à côte de traces de deux types d'anthrax bien distincts, l'un américain, de qualité militaire, utilisé par Ivins sans aucun doute, et un autre, de facture beaucoup plus grossière et qui peut, aussi surprenant que cela soit, avoir une autre origine, la série causale indépendante, et se trouve peut-être avoir causé la légère infection cutanée soignée par le dentiste de Floride. Cet anthrax n'a pas été utilisé pour les mêmes courriers. Ivins aurait-il provoqué une émulation chez certains agents dormants d'al-Qaïda chez lesquels avait été déposé un stock bien moins élaboré d'anthrax, dont les pirates décidèrent de ne pas se servir après l'incident infectieux survenu à l'un d'entre eux en Floride ?

Reste aussi à savoir quelles étaient les motivations profondes d'Ivins, et quelles étaient ses fréquentations. A ce jour, le silence officiel demeure complet. En revanche, nous savons qu'à une réunion, en octobre 2001, rapportée par le journaliste Bob Woodward, à laquelle assistaient le directeur de la CIA, George Tenet, et l'adjoint de sécurité du vice-président Cheney, Scooter

Libby, il fut décidé de surseoir à toute mise en cause de l'Irak dans l'affaire de l'anthrax, puisque les Etats-Unis ne pouvaient, en pleine campagne afghane, se payer le luxe d'une seconde opération militaire d'envergure ni donner l'image d'une nation impuissante à assurer sa défense, et ceci à un moment où rien ne disculpait encore si peu que ce soit les hommes d'al-Qaïda et les Irakiens dans cette affaire.

Pourtant, à Oklahoma City, dès 1995, nous assistons, comme dans une répétition générale, à la collusion du terrorisme islamo-irakien avec un groupe qui constitue un masque presque parfait, l'extrême droite néo-nazie américaine, à laquelle appartenaient, tout comme Ivins, les protagonistes effectifs de l'attentat, Timothy MacVeigh et Terry Nichols. Voici les faits : à l'automne 1995, un groupe terroriste cible les bâtiments du gouvernement fédéral dans la capitale de l'Oklahoma, déclenchant dans l'explosion la mort de plus d'une centaine de fonctionnaires et de simples passants. L'enquête du FBI identifie d'abord un certain nombre de témoins qui ont vu dans les environs des « personnes de type arabe », et un taxi new-yorkais d'origine jordanienne sera brièvement interpellé, non loin d'Oklahoma City, sans qu'il puisse justifier sa présence si loin de ses bases. Mais, très vite, grâce à l'infiltration de longue date des milices néo-nazies du Grand Ouest par ses hommes, le FBI parvient à identifier les auteurs véritables de l'attentat, les deux anciens « marines » que sont Timothy MacVeigh et son complice Terry Nichols. Tous deux ayant reconnu leur culpabilité, seront condamnés à mort et exécutés.

Mais deux éléments nous empêchent d'en rester là. Tout d'abord la disparition pure et simple de 150 pages de l'instruction qui étaient entre les mains du FBI et qui ne seront jamais retrouvées, au grand dam des avocats de MacVeigh qui chercheront à sauver leur client de l'injection fatale en invoquant ce seul motif. Quant à Nichols, le FBI et le ministère de la Justice ne pourront pas, dans son cas, dissimuler le fait qu'il a échangé, quelques jours avant le crime, des coups de téléphone extrêmement suspects avec sa petite amie qui résidait à Manille, aux Philippines. Pourquoi ces appels sont-ils si suspects ? Parce qu'à la même époque Ramzi Youssef, l'exécuteur du premier attentat de 1992 contre les Twin Towers, se trouvait lui aussi à Manille, et avait sympathisé avec la petite amie de Nichols, dans le bar qu'il fréquentait assidûment, en musulman terroriste mais assez laxiste.

Youssef était aux Philippines pour exécuter le pape Jean-Paul II, un contrat que lui avaient commandité les intégristes javanais auxquels al-Qaïda souhaitait s'associer. Rien ne sortit de l'opération, sauf peut-être précisément un contact fructueux avec l'extrême droite antisémite et néo-nazie américaine. Car, deux jours avant l'attentat d'Oklahoma City, Nichols sort à deux reprises de chez lui où le téléphone fonctionnait parfaitement bien, pour appeler Manille, de nuit, dans une cabine distante de quelques centaines de mètres, par une température extérieure de – 15°. Aucune explication de cette incongruité – que m'a révélée mon ami Richard Perle – n'a jamais été fournie. Il faut enfin verser au dossier que l'année précédente (1994) s'était tenu à Oklahoma City le premier congrès des organisations islamiques des Etats-Unis, avec la participation des « bureaux afghans » qui passeront directement à al-Qaïda, du Hamas, des Soudanais et même du Hezbollah libanais. Il y avait donc de quoi poursuivre l'enquête dans plusieurs directions connexes. Clinton décidera qu'il n'en serait rien : les coupables fournis par le FBI suffisaient à l'apaisement jugé nécessaire de l'opinion publique.

L'apparition de Ramzi Youssef dans ce dossier fait pourtant resurgir la piste irakienne, étouffée en 1992 pour l'attentat des Twin Towers et qui, poussée trop loin, aurait contraint les Etats-Unis à s'engager dans des opérations militaires de grande ampleur avec Saddam Hussein. C'est ce que Clinton voulait à tout prix éviter, pour des raisons en partie compréhensibles. Les deux Bush auraient sans doute fait de même. Discipliné, le FBI, qui avait par ailleurs bien travaillé, validant le film prophétique de Costa Gavras sur les milices américaines, réalisé deux ans plus tôt, ne pouvait dès lors qu'« égarer » quelques centaines de pages superfétatoires.

Pourtant, la simple considération de l'histoire du terrorisme moyen-oriental, palestinien notamment, aurait pu permettre de mettre au jour un mode opératoire constant : le recrutement indirect de complices occidentaux d'extrême droite, parfois, et plus rarement, d'extrême gauche jugés moins fiables, en prenant appui sur leur antisémitisme intact. Oberführer SS d'honneur (général de brigade) le grand mufti de Jérusalem Husseini utilisera dès les années 1950 ses connexions avec les anciens de la SS, pour recruter des spécialistes des fusées au profit de Nasser. Puis, dans les années 1970, ce sont des néo-nazis allemands et italiens qui passeront par les camps libanais des services spéciaux de l'OLP, sous l'autorité du regretté Abou Ayad. Ce dernier, dûment mis en cause quelques années plus tard par ses adversaires syriens, ripostera avec efficacité en rappelant le destin fortuné et damascène de nombreux criminels de guerre nazis, si l'on songe par exemple au statut très particulier du Standartenführer Erwin Rauff, dans les moukhabarat de Damas, les services secrets du régime. Ancien inventeur de la chambre à gaz mobile à roulettes, Rauff partagera sa vie entre Damas et Santiago du Chili où il conseillait Pinochet, lequel fit montre, notamment dans ses votes à l'ONU, de l'antisionisme le plus militant. Rappelons aussi que Klaus Barbie, installé par la CIA, dès les années 1950, dans le relatif confort bolivien de La Paz et par ailleurs président d'un comité local de soutien à l'OLP, avait accueilli quelques terroristes italiens d'Avanguardia Nazionale qui avaient fait sauter la raffinerie de Trieste pour le compte du FPLP dès 1970, ainsi que, plus tard, leur chef Stefano Delle Chiaie qui avait commis des crimes de sang en Italie. On comprend mieux dans ces conditions pourquoi l'avocat de Barbie fut Jacques Vergès, par ailleurs intimement lié à l'organisation spéciale du FPLP du docteur Wadi Haddad et de Carlos. On a vu aussi que c'est Jean-Marie Le Pen qui avait décroché l'attention la plus bienveillante de Saddam Hussein, malgré les liens pourtant nombreux du dictateur irakien avec d'autres partis politiques français.

La tradition d'une forte entente entre nationalisme arabe et islamisme d'un côté, extrême droite occidentale de l'autre, a donc une longue histoire (à laquelle il faudrait en outre ajouter la tenace activité négationniste des services secrets iraniens, subventionnant la défunte librairie Ogmios à Paris, et finissant, « Ahmadinedjad regnante », par inviter Faurisson et le chef du Ku Klux Klan David Duke à une formidable messe noire néo-nazie à Téhéran fin 2007). Dans ces conditions, le recrutement de MacVeigh et de Nichols dans l'attentat d'Oklahoma City ne serait rien qu'un grand classique, déjà joué à maintes reprises.

Nous atteignons, toujours sous Clinton, au point culminant de la tromperie avec la terrible affaire du vol TWA 800 qui explosa le 17 juillet 1996 au large de Long Island, bien qu'ici l'affaire soit trop complexe pour être totalement démontée. Bornons-nous à dire que Clinton fit tout pour confier l'essentiel de l'enquête à un organisme technique plus malléable que la police fédérale, le bureau national de la sécurité dans les transports (NTSB), lequel finit par conclure à l'accident fortuit sans convaincre ni le FBI qui refusa de se prononcer, ni un groupe de deux cents témoins oculaires qui protestèrent vivement de l'exactitude de leur vision d'un missile frappant l'avion, un Boeing 747, laquelle avait été écartée par les enquêteurs sans raison convaincante. Pierre Salinger, l'ancien porte-parole du président Kennedy, devenu malheureusement très lié à quelques publicistes arabes, dont l'ancien porte-parole de Nasser, Mohammed Hassanein Heykal, essaya assez malencontreusement de faire porter le chapeau à la marine américaine, qui procédait effectivement à des tests de missiles Aegis en mer, pas très loin du point d'impact. Mais Salinger fut rapidement convaincu de fraude, et son action a tout, vue de près, d'une manœuvre de désinformation active, dans le style de la défunte Union soviétique, pour camoufler le fait que les témoins oculaires avaient en réalité décrit un missile beaucoup plus petit, de la catégorie des Stingers. Or, on sait que ces missiles aéroterrestres très performants, livrés aux moudjahidine afghans non sans quelques débats houleux au sein des services de renseignement américains, ont infligé en 1986-88 des pertes considérables aux engins soviétiques, avions et hélicoptères. Après 1988, et le départ des Soviétiques d'Afghanistan, les Américains ne purent récupérer qu'une moitié de ces Stingers soi-disant « prêtés » aux moudjahidine, le reste demeurant sur place avec la complicité des services de renseignement pakistanais, et aboutissant entre les mains de diverses factions intégristes. Certains même furent revendus aux gardiens de la révolution iraniens.

La destruction de TWA 800 était en fait la preuve du danger de la politique afghane d'alliance inconditionnelle avec les intégristes, suivie alors par la CIA et la présidence Reagan. La raison d'Etat une fois de plus prévalut sur la vérité. Cette fois-ci, il est vraisemblable que les talibans et leurs amis proches, sans doute déjà al-Qaïda, venaient d'honorer un contrat terroriste, peut-être en association avec un Saddam Hussein qui se débattait une fois de plus avec les Etats-Unis, à la veille de l'ouverture des Jeux olympiques d'Atlanta.

Il y a donc bien une kyrielle d'occasions où les autorités américaines ont, ensemble, concouru à endormir l'opinion, à répandre la légende pieuse d'une al-Qaïda indépendante, tant du Pakistan que de l'Irak, et se résumant à un simple problème de maintien de l'ordre, secondaire au regard des autres enjeux de la grande politique mondiale. Et il est évident aussi que des décisions de mise au boisseau aussi importantes n'ont pu être prises que dans une concertation aussi tacite qu'efficace entre Clinton, l'opposition républicaine à son plus haut niveau, et les directions effectives de la CIA, du FBI et du Pentagone.

L'enfer, on le sait, est pavé des meilleures intentions, et il n'y a aucune raison de ne pas croire que les élites dirigeantes américaines ont ici pensé bien faire, en apaisant les peurs de masse et en imaginant que la traque des terroristes était surtout affaire de sang-froid et de bonne police, comme, sur le front intérieur, la lutte contre le crime organisé de la mafia ou des triades chinoises. Il fallut bien, pourtant, commencer à déchanter à partir du grand tournant de 1998-99 : c'est à partir de ce moment-là qu'Oussama Ben Laden, ayant consolidé son emprise sur l'Afghanistan des talibans, peut envisager des actions beaucoup plus spectaculaires que son aide aux bandes somaliennes d'Aïdid. Le 12 septembre 2001, tout l'establishment américain est ainsi rattrapé par ses mensonges pieux et cherche à s'extirper de cette situation, par d'autres mensonges, plus gros encore.

Ici, pour une fois, appuyons-nous sur le film de Michael Moore consacré à la démolition de

Bush II et à la dénonciation de la guerre antiterroriste. A un moment donné, on y voit des images extraordinaires : celles de George Bush, prévenu dans la matinée du 11 septembre des attentats de New York, sans doute du premier d'entre eux, alors qu'il s'était déplacé dans une école primaire des environs de Washington, pour y encourager les nouveaux programmes fédéraux de lecture. Après qu'un responsable de sa sécurité lui eut chuchoté à l'oreille, on voit une ombre passer sur le visage du chef de l'Etat, puis celui-ci continuer dans une feinte impassibilité à s'entretenir très gentiment avec les enfants pendant cinq à dix minutes supplémentaires. Pour Moore, ce moment serait la preuve de l'imbécillité de George Bush qui n'aurait tout simplement pas compris ce que son officier de sécurité venait de lui révéler. Il n'en était rien, bien entendu.

Cette scène exprime plutôt les sommets et les abîmes du caractère de George Bush, qui auront à s'exprimer plus explicitement dans les mois et les années où la crise ne cessera de se déployer : grâce et humanité d'un côté, défiance de l'opinion publique de l'autre. Ce geste de protection des petits enfants auquel le président veut cacher encore, quelques instants, la cruauté d'un monde où rôdent la terreur et la mort, est le même que celui d'un Janusz Korczak essayant de préserver la normalité apparente de l'enfance autant qu'il est possible, dans son école du ghetto de Varsovie.

Mais en même temps, étendue au peuple américain tout entier, auquel l'Administration essaiera tout un temps de présenter une fausse impression de normalité maintenue, pour le rassurer et le remettre au travail, cette démarche aboutit au désarmement moral du pays. Au lieu de cesser les baisses d'impôt et d'élargir le gouvernement à des personnalités démocrates, Bush voudra imposer, dans l'ordre intérieur, le sentiment de la plus grande continuité possible avec l'état de paix. Quand un an plus tard, fin 2002, les fondamentaux économiques auront été rétablis, il sera bien tard pour remobiliser l'opinion, à la veille de la campagne d'Irak.

Ici l'engrenage fatal est passionnant à démêler, puisqu'il s'agit de rien de moins que du danger d'attaque nucléaire terroriste contre le territoire américain. Fatal, puisque tout sera fait pour ne pas informer convenablement l'opinion. Dans ce choix crucial n'intervient pas seulement le paternalisme bienveillant du président, mais aussi, principalement sous l'impulsion du vice-président Cheney, dont les liens avec son ancienne société d'ingénierie Haliburton sont patents, la volonté farouche de préserver coûte que coûte une Arabie Saoudite bien compromise, du regard scrutateur de l'opinion. Ainsi pourra être évité tout dérapage diplomatique, certes, mais il s'agit aussi, pour préserver certains intérêts financiers américains, ceux de Haliburton par exemple, très liés à la monarchie saoudienne, d'égarer les perceptions de l'opinion qu'il sera très dur par la suite de persuader d'entreprendre un mouvement contraire, après tant d'approximations lénifiantes.

Or, très vite, au lendemain du 11 septembre, les services de renseignement américains s'intéresseront en priorité au programme nucléaire pakistanais et à la possibilité pour al-Qaïda de planifier une opération nucléaire de grande ampleur sur le territoire des Etats-Unis. L'entrée d'al-Qaïda et de complices locaux, liés à l'organisation, sur le marché latino-américain de la drogue avec des moyens surdimensionnés, est un phénomène très étonnant, et repéré en premier lieu tout au long de 2001 et 2002, par le Mossad. Tout se passe comme si les besoins de financement de l'organisation, jusqu'alors très économe de ses ressources, avaient considérablement augmenté, en vue d'une montée en puissance technologique (et sans doute en un moment où les financements saoudiens privés se faisaient plus rares). Bientôt la CIA aura la conviction que cette levée de narco-capitaux par al-Qaïda, à travers des connexions colombiennes, vénézuéliennes et panaméennes, visait à financer une opération, sans doute nucléaire, de grande ampleur contre le territoire américain. Peu après la capture en 2003 à Karachi du chef militaire de l'organisation, Khaled Mohammed Cheikh (dont les liens avec Saddam Hussein sont attestés à travers son neveu décédé Ramzi Youssef), peu après le déclenchement de la campagne d'Irak, permettra de confirmer pleinement la réalité de la menace : al-Qaïda envisageait sérieusement d'introduire sept bombes atomiques, achetées où elle le pourrait, dans des conteneurs et de tenter de les mettre en œuvre simultanément dans sept grandes villes américaines. Projet certes mégalomane et difficilement praticable, ce plan présentait néanmoins des variantes plus modestes, partant plus intéressantes, telles que l'usage de bombes « radiologiques », faites d'explosifs conventionnels et de déchets fissiles, plus faciles à réaliser, et dont l'effet de propagande, sinon de destruction, serait exceptionnel. On comprend la réticence du gouvernement américain à laisser le fonds souverain du Qatar s'approprier l'autorité du port de New York privatisée, alors que le Qatar donne toujours l'hospitalité à al-Jazira, la radio officieuse des Frères musulmans dans le monde arabe, et protège le prédicateur égyptien Karadawi, qui fait office de porte-parole de la confrérie dans le Golfe persique.

Quoi qu'il en soit, toutes les ambitions nucléaires de Ben Laden conduisaient invariablement ceux qui entendaient en suivre le tracé vers un pays, le Pakistan, et un homme, l'ingénieur en chef de son programme nucléaire, Abdul Qadir Khan (que nous appellerons de ses seules initiales, AQ, comme le font les Pakistanais, Khan n'étant pas un nom de famille, mais un titre de courtoisie quasiment nobiliaire en turc oriental djagataï, et donc en ourdou, la langue officielle du Pakistan, tout comme peut l'être Bey ou Begh dans le domaine ottoman).

La CIA avait toujours fait bon marché de la surveillance du programme nucléaire pakistanais, dès lors qu'à partir de 1981, le régime militaire du général Zia ul-Haq eut ouvert son territoire et ses ressources guerrières à la campagne occidentale (et chinoise), pour chasser les envahisseurs soviétiques d'Afghanistan. Après 1991-92, où cette préoccupation avait disparu, il était déjà tard pour interrompre un processus fort bien engagé. Mais sans doute pour ne pas découvrir pire encore qu'elle subodorait pourtant, la CIA de Clinton qui, comme à l'ordinaire, n'avait pas prévu l'explosion nucléaire pakistanaise de 1998, n'avait pas beaucoup recherché non plus le modus operandi des ingénieurs nucléaires locaux. Une fois encore, la crainte était de retomber sur la sacro-sainte Arabie Saoudite, puisque celle-ci avait bien entendu non seulement financé l'essentiel du programme nucléaire de Kahuta, mais aussi cherché à faciliter, en cas de malheur, le transfert d'une bombe atomique pakistanaise sur son territoire par simple transport aérien. On en serait sans doute resté là, si l'enquête sur le 11 septembre n'avait révélé aux autorités américaines, l'inconcevable : la visite en l'an 2000, de spécialistes nucléaires pakistanais à Kaboul, et leur rencontre chaleureuse avec Oussama Ben Laden lui-même. Et derrière cette connexion démente, l'ensemble d'un trafic généralisé de technologies nucléaires, organisé par AQ dans plusieurs directions complémentaires, Corée du Nord, Iran, Libye et sans doute aussi, dans la mesure du possible, Irak et Algérie. Le projet nucléaire pakistanais présentait donc bien un aspect global, géopolitique, avec une forte composante directement islamiste.

Longtemps, comme la plupart de ses pairs de l'élite pakistanaise, AQ avait été un laïque modéré, très patriote, de plus en plus hostile à l'Inde, dont provenait sa famille, mais aussi très familier de la vieille Europe – Pays-Bas et Allemagne – où il conservait de nombreuses amitiés, dont certaines deviendront avec le temps des complicités. Avec la guerre d'Afghanistan des années 1980, AQ se radicalise comme toute la société pakistanaise, redécouvre la valeur politique de l'islam, et commence à développer un antiaméricanisme de principe, qui le rapproche singulièrement des chefs de l'ISI, comme Hamid Gül, lequel deviendra dans les années 1990 le porte-parole officieux et le protecteur des talibans ainsi que d'al-Qaïda [1]. C'est aussi l'époque où AQ convainc le leader de la communauté indo-musulmane d'Afrique du

1. Condoleezza Rice demandera vainement, à plusieurs reprises, son arrestation à Pervez Mousharraf.

Sud, Kader Asmal, important ministre du nouveau gouvernement de Nelson Mandela, de l'aider à acquérir les technologies nucléaires de l'ancien régime, ainsi que de recruter à prix d'or quelques ingénieurs afrikaners de haut niveau.

Mais au sein de l'institut nucléaire pakistanais, certains adjoints d'AQ vont beaucoup plus loin encore. Bachiruddin Mahmoud est l'un d'entre eux : ce brillant physicien est aussi un islamiste convaincu. En 2001, il dirige une délégation à Kaboul où il s'entretient avec le mollah Omar et Ben Laden. C'est là sans doute qu'il oriente ses interlocuteurs vers la formule technologique simplifiée (et intraçable) de la « bombe radiologique ». Toujours protégé par Moussharraf et AQ, le même Mahmoud récidivera après le 11 septembre : il sera, cette fois, appréhendé par les Américains non loin de Kandahar, et se fera passer pour un « technicien agricole » pakistanais. Mais l'arrestation de Khaled Mohammed Cheikh le 2 mars 2003, à Karachi, représente ici le grand tournant : désormais, les services secrets américains peuvent boucler leur enquête en transformant les hypothèses en certitudes. En décembre 2001, les Etats-Unis s'étaient provisoirement contentés d'une visite intrusive de la centrale nucléaire de Kahuta, autorisée avec beaucoup de réticences par Mousharraf, au terme de l'arrangement global de 2001 qu'était parvenu à lui extorquer Colin Powell : des inspecteurs de la CIA, escortés des forces spéciales en armes, avaient dans une véritable perquisition pu constater que toutes les bombes étaient bien de fabrication pakistanaise et que toutes étaient bien demeurées sur place, sous scellés. Mais certains officiers de la CIA qui jugeaient l'approche de Bush trop complaisante (et sans doute aussi les services indiens frustrés) avaient alerté le journaliste d'investigation Seymour Hersch, lui révélant que les avions de transport C 130 flambant neufs, livrés en compensation au Pakistan par George Bush, avaient aussitôt été utilisés par AQ et Mousharraf pour procéder à des échanges de technologies entre Pakistanais et Nord-Coréens, avec la protection très compréhensive des services chinois. Le spécialiste pakistanais des centrifugeuses, lui aussi islamiste convaincu, avait également multiplié les visites et les contacts depuis l'Algérie et la Libye jusqu'à la Chine, l'Iran et la Corée du Nord.

Sur toute cette activité bien inquiétante, le silence radio américain officiel sera observé religieusement. L'attentat, bien réel, tenté par des militaires dissidents sur la personne de Mousharraf fin 2002, la liquidation discrète d'un groupe d'aviateurs membres d'al-Qaïda, toujours en 2002, enfin la neutralité apparente du Pakistan au printemps 2003, alors que l'Amérique s'en prenait à leur vieil ami Saddam Hussein, amenèrent encore quelques mois de protection au complexe nucléaire dont AQ était l'émir. Mais, début 2004, munis d'écoutes électroniques accablantes, de documents saisis à Bagdad, et d'aveux en bonne et due forme de Kadhafi, les Américains se sentent enfin assez forts pour passer à l'action : AQ est destitué et assigné à résidence, le détail de ses actions prolifératrices proclamé à la face du monde (mais pas son aide à l'Irak qui aurait directement impliqué Mousharraf). Depuis la brève arrestation de Bachiruddin Mahmoud à Kandahar en 2003, l'essentiel des collaborateurs les plus compromis d'AQ avaient pris leurs précautions : dix d'entre eux étaient partis « en voyage d'affaires » prolongé en Arabie Saoudite. Gageons qu'avec l'élargissement total du très populaire AQ, exigé par le chef de l'armée Ashfak Kiyani au gouvernement civil, et obtenu sans coup férir dès le début de 2009, la plupart de ces scientifiques valeureux auront bientôt regagné le bercail d'Islamabad.

Résumons-nous brièvement et quelque peu abruptement : les choix assumés par George Bush, en partie sous la pression de son père, du général Scowcroft, le chef du lobby saoudien à Washington, et du vice-président Cheney, impliquaient que l'on préservât l'image du Pakistan « allié » et par là de l'Arabie Saoudite elle-même, qui se sentait assez forte en 2002-2003 pour exiger le démantèlement progressif des bases américaines sur son territoire, en place depuis l'invasion du Koweït de

1990. Ce choix peut se défendre : grâce à cela, la présence de la CIA et du FBI sur le territoire pakistanais a pu se poursuivre et aboutir à l'arrestation de responsables très importants d'al-Qaïda, tels qu'Abou Zoubeïda, son administrateur, Khaled Mohammed Cheikh, son chef militaire, ou encore Ramzi Benalshib, l'un des organisateurs de l'attentat du destroyer *Cole* en rade d'Aden en 2000.

Mais, au passif, l'Administration a beaucoup menti sur les dangers nucléaires et bactériologiques auxquels les Etats-Unis avaient été soumis. Ceux-ci étaient en réalité infiniment plus réels au Pakistan qu'en Irak, et une partie du danger irakien découlait directement du danger pakistanais, auquel il était interdit de faire allusion. Les premières informations fiables commenceront à filtrer sur la réalité du Pakistan six mois après la chute de Bagdad. De là provient la fausse bonne idée de « vendre » à l'opinion une campagne d'Irak, considérée depuis 1998 par les Etats-Unis comme envisageable, en invoquant les dangers bien réels dont l'Irak n'était pourtant *plus* le centre, fin 2002.

J'écris ici « plus » et non « pas ». Car exonérer l'Irak de tout programme d'armes de destruction massive, sous prétexte que l'on n'en a plus trouvé la trace après la conquête du pays en 2003, est une proposition tout simplement démente. Les armes dites de « destruction massive » sont par définition unanimement acceptées et inscrites dans le droit international : les armes chimique, biologique et nucléaire (ABC en abrégé militaire anglais, Atom, Biological, Chemical).

Commençons donc par A (atomique). Sur ce point, aucun doute, l'Irak baasiste a toujours été en pointe : la centrale nucléaire Osirak construite par la France dans les années 1970 n'avait pas d'autre but que de produire, à terme, du combustible à usage militaire par Bagdad. De même le recrutement de nombreux physiciens nucléaires égyptiens, après que Sadate eut été contraint, aux termes des accords de Camp David, de renoncer à ses projets nucléaires, après 1977, correspondait à la même ambition. L'armistice signé, à la fin de la guerre du Koweït, par Saddam Hussein le contraignait à accepter des inspections intensives sur son territoire et de renoncer à toutes les armes ABC. En 1998, après le démantèlement d'un nouveau programme nucléaire très inventif par l'AIEA de Vienne, comme nous l'avons vu grâce à l'ingéniosité technologique du professeur Kelly, Saddam Hussein décidait de sortir du mécanisme de ces inspections, commettant un acte de guerre délibéré et longtemps impuni, ou faiblement sanctionné par des interdictions de son espace aérien.

Entre-temps, l'Irak avait multiplié les tentatives – parfois grotesques – pour reprendre sa quête nucléaire en diversifiant ses approches : avant l'invasion du Koweït, par exemple, en 1987-89,

Saddam avait approché un ingénieur canadien, tout droit sorti de Jules Verne, George Bull, qui avait conçu les plans d'un super-canon capable d'expédier des ogives nucléaires directement sur Israël. Ce dernier fut exécuté à Bruxelles par le Mossad en 1990.

Par la suite, des Irakiens, grâce aux bons offices du service secret pakistanais, l'ISI, négocièrent activement avec AQ, l'aide technique de la centrale de Kahuta pour produire de l'uranium enrichi. L'achat clandestin en Europe de centrifugeuses par Bagdad en 2001-2002 peut, ainsi que les « colombes » de la CIA l'ont prétendu, correspondre à un programme de moteurs balistiques pour missiles, ce qui, dans le contexte de l'après-11 septembre, n'est tout de même pas innocent, mais la possibilité d'un usage nucléaire de ce matériel demeure à ce jour très envisageable. Enfin, il faut exposer brièvement l'affaire de l'uranium tchadien. Fin 2001, le service de renseignement italien, le Sismi, donne sans montrer ses preuves l'information selon laquelle des émissaires irakiens avaient sondé le gouvernement du Niger pour obtenir du minerai d'uranium des mines d'Arlit. Ce furent les Anglais du MI6 qui reçurent cette nouvelle et en informèrent à leur tour la CIA. Une seconde enquête à Rome permit à une agente de la CIA d'obtenir le même document, l'année suivante, 2002, de la part d'une collaboratrice italienne, « la signora », de l'ambassade du

Niger à Rome. Il s'agissait d'un faux manifeste que la CIA réfuta d'autant plus aisément qu'elle avait envoyé l'un des siens en reconnaissance sur le terrain, l'ancien ambassadeur à Niamey Wilson, lequel avait aussi conclu par la négative. Il faut savoir qu'à ce moment-là, le gros de la CIA était entré en guerre contre le projet de guerre en Irak, notamment parce que l'agence s'était vu retirer la responsabilité du dossier par le vice-président Cheney et le vice-ministre de la Défense, Paul Wolfowitz, qui ne prêtaient foi qu'aux informations provenant du dissident chiite irakien Ahmed Chalabi, grand ami des néo-conservateurs, alors très influents. Ce dernier, comme nous le verrons, avait une tendance certaine à exagérer ses informations et à manipuler habilement la crédulité de ses interlocuteurs américains, mais sans doute pour de très bonnes causes, connues de lui seul.

Mais dans ce cas précis, ainsi que l'enquête ultérieure du Congrès en 2006 l'établira, la CIA avait tort et l'administration Bush raison. Comme le sait parfaitement tout connaisseur de l'espionnage russe ou britannique, les professionnels authentiques créent des faux documents qui permettent de camoufler une source réelle pour ne pas la compromettre. C'est ce qu'avait fait le Sismi italien, tout en donnant oralement des informations à Londres qui permettaient au MI6 d'attester de la valeur des documents rassemblés. C'est le même faux du Sismi qui aboutit un an plus tard entre les mains des analystes imbéciles de la CIA, car la secrétaire italienne de l'ambassade du Niger l'avait elle-même transmis aux autorités italiennes, en bonne correspondante du Sismi qu'elle était.

Quelle était cette source compliquée qu'il fallait ainsi tenir pour secrète ? A mon humble avis, tout simplement le colonel Kadhafi qui avait de nombreux agents sur place au Niger, des liens alors privilégiés avec le gouvernement de Niamey, et une solide aversion pour Saddam Hussein, en qui il voyait un rival qui se permettait d'envoyer ses agents sur un territoire que le tyran libyen tenait pour sien. L'aboutissement du document chez les Anglais, qui travaillaient alors en concertation avec les Italiens pour faire lever les sanctions contre un Kadhafi, très inquiet des progrès d'al-Qaïda, chez lui, explique la suite, ainsi que la discrétion obstinée de Londres, qui a toujours assuré que le document de base – pas celui transmis par les Italiens – était authentique [1].

Plus tard, un Wilson ambitieux et irresponsable, tentera cyniquement d'établir la manipulation de l'administration Bush, dans l'espoir d'une récompense du parti démocrate, après les élections présidentielles de 2004 que John Kerry pouvait encore remporter. Le fait que Cheney, maladroit et

1. Par la suite, la commission d'enquête du Congrès exonérera Bush de tromperie, dans ce cas précis.

brutal comme à l'ordinaire, ait fait connaître en représailles le nom de l'épouse de Wilson, Valérie Plame, qui avait été à l'origine de la mission de son époux au Niger, et travaillait depuis longtemps à la CIA, constituait une atteinte grossière à la loi, qui fut sanctionnée comme telle. (Plus grave, Cheney interdisait à la Centrale toute protection renforcée pour Valérie Plame, malgré des menaces proférées contre elle par Internet, et provenant effectivement d'al-Qaïda.) Mais tous ces actes déplorables n'empêchent nullement que des agents irakiens avaient bel et bien voyagé au Niger, aux fins sans doute très difficiles, voire infaisables, de détourner du minerai d'uranium de type « yellowcake », aux mines d'Arlit.

Les ambitions nucléaires, cohérentes et tardives, de Saddam Hussein n'auraient donc pas dû faire question, si le débat public sur les problèmes chimiques et biologiques n'avait pas entre-temps dégénéré gravement. De cette brève mise en perspective, émerge ainsi la vision suivante : l'Irak est, de tous les pays arabes, celui qui a, le plus longtemps, le plus obsessionnellement, recherché à détenir l'arme nucléaire, et n'a pas été si loin d'y parvenir. La personnalité extrêmement cruelle et peu élaborée de Saddam Hussein laisse peu de doute sur son désir de se servir activement de cette bombe dès qu'il aurait pu en disposer, sans doute contre Israël, peut-être contre l'Iran. Seul Dieu qui aveugla Saddam, en lui faisant envahir

Koweït pendant l'été 1990, aura permis d'interrompre définitivement le second et très avancé programme nucléaire qui faisait suite, depuis 1981, à Osirak, fort opportunément mis à mal par le raid aérien israélien, alors que commençait la guerre du Golfe avec l'Iran. Même après le démantèlement presque total du programme nucléaire en 1996-98 par l'AIEA, les menées de l'Irak ont continué, et ont même embrassé d'infructueuses et chimériques tentatives d'acheter des matières fissiles au Niger.

Que penser de la seconde composante de la triade, B comme bactériologique ? Là aussi, l'intérêt soutenu de Saddam Hussein pour les programmes de guerre biologique, notamment la fabrication d'anthrax, est avéré par de nombreux témoignages de défecteurs. Ici nous avons en outre affaire à un personnage parfaitement romanesque, la doctoresse Rihad Taha. Cette fille de dignitaire du Baas, formée en biologie à l'université anglaise de Norwich, devint, lorsqu'elle rejoignit un grand laboratoire de la périphérie de Bagdad au début des années 1980, une vedette du régime, en tant que symbole de la femme scientifique et émancipée que le Baas se targuait de promouvoir, au moins jusqu'à ces cinq dernières années, où l'alliance du parti unique avec des confréries sunnites traditionnelles entraîna incontinent une répression spectaculaire de la condition féminine. Riad Taha poursuivit néanmoins ses recherches sans foulard, donnant des interviews en treillis militaire, sans doute pour mieux en souligner le caractère civil et humanitaire.

Arrêtée dès les premiers jours de l'occupation américaine, Rihad Taha, avec laquelle Saddam Hussein avait entretenu une amitié amoureuse, fut à plusieurs reprises réclamée par des groupes armés, liés à al-Qaïda, ou plus simplement aux services spéciaux du Baas, en échange d'otages capturés ici ou là. Les premiers de ceux-ci, devant le refus américain de tout échange, furent décapités ; la journaliste italienne du *Manifesto* Luciana Sgrena eut plus de chance, grâce à une forte rançon versée par Berlusconi. Si Rihad Taha s'est toujours refusée à parler, on sait qu'elle procéda naguère à des expérimentations, peut-être dans la meilleure tradition de Mengele.

Quant à la troisième composante, C, l'arme chimique, l'information y est d'une pureté bien plus remarquable, puisque l'Irak, après l'Amérique au Vietnam (l'agent orange) et l'Union soviétique en Afghanistan (accompagnée du Vietnam au Cambodge), est le troisième pays recensé à avoir fait un large usage de gaz mortels (sarin, VX) d'abord sur les vagues humaines de l'armée iranienne dans les années 1980, puis sur des populations civiles kurdes à Halabjah, par bidons de cent litres largués par voie aérienne, provoquant la mort immédiate d'environ cinq mille personnes.

Ces gaz avaient été produits sur place par les

usines pharmaceutiques créées sous Saddam, dûment perquisitionnées par les inspections intrusives de l'Unscom, notamment la dernière de l'automne 2002, à la veille de l'attaque américaine. Les conditions techniques de leur mise en œuvre avaient été rendues possibles par la vente de matériel militaire soviétique, bien connu des spécialistes : la prétendue « exagération mensongère » des collaborateurs de Tony Blair, qui avaient invoqué, sans preuves apparentes, un délai de « quatre-vingt-dix minutes » pour la mise en œuvre de ses armes chimiques par l'armée irakienne, a une source pourtant simple : les manuels élaborés en Occident, et qui sont constants dans leur information sur les armes chimiques soviétiques. Dans ces livres qui n'ont rien de clandestin, on apprend que les troupes chimiques de l'armée Rouge, issues de l'arme du génie, disposaient d'un matériel logistique et d'artillerie qui leur permettait d'être opérationnelles en une heure et demie environ. Il est évident que les élèves peu doués des Soviétiques – sauf en cruauté brute – que représentaient les militaires irakiens auraient eu sans doute besoin d'un peu plus de temps pour passer à l'action. Mais c'est un faux procès que de crier à la désinformation, si les Irakiens avaient mis trois ou quatre heures au lieu d'une et demie pour réussir cet exercice. Il ne s'agit là que de données publiques que l'on trouve dans la documentation de tous les états-majors. Ici, la désinformation active se trouve chez les adversaires de la campagne d'Irak de George Bush et de Tony Blair. Cette campagne de désinformation s'est révélée tellement stridente qu'elle semble avoir fait oublier à certains la parfaite évidence antérieure des méfaits réels de Saddam Hussein, liés à l'usage de l'arme chimique : dans les années 1980 contre les soldats iraniens sur le front du Golfe persique, les Kurdes irakiens, et enfin, en 1991, contre les chiites irakiens insurgés dans le sud du pays, principalement les « Arabes des marais », dont Saddam entreprendra ensuite d'assécher entièrement le milieu de vie.

Il demeure pourtant, à l'actif des accusateurs de George Bush, un constat fort simple : après la chute de Bagdad, on ne trouvera aucune trace d'arme nucléaire (normal au demeurant, le démantèlement précédent par l'Unscom, bras armé des inspections de l'AIEA, remontant essentiellement à 1995-96), mais pas non plus d'arme bactériologique et, plus surprenant encore, pas même d'arme chimique, dont l'usage répété par le dictateur irakien quinze ans auparavant ne fait pourtant aucun doute. Que s'était-il donc passé ? Deux, et même trois réponses principales doivent ici intervenir : la folie et la mauvaise information de Saddam Hussein (réponse 1), les limites opérationnelles de son armée (réponse 2), et surtout l'opération Sarindar révélée par le général roumain Pacepa dès 2003 (réponse 3).

Commençons par le premier point, folie et ignorance de Saddam Hussein en matière de renseignement. Bien que l'homme n'eût cessé depuis la fin des années 1960, jusqu'à sa pleine accession au pouvoir suprême en 1979, de diriger les services secrets du Baas, Saddam aura été jusqu'au bout un détestable maître espion. Les documents trouvés à Bagdad, et les interrogatoires conduits depuis lors par l'armée américaine, ont permis d'établir une synthèse convaincante de l'attitude et des calculs de Saddam à la veille de l'attaque américaine de 2003. Conforté par ses contacts permanents avec des émissaires de Chirac et de Poutine, le dictateur pensait que toute attaque américaine serait bloquée par la France et la Russie au Conseil de sécurité, et qu'il entrerait alors dans un bras-de-fer politico-stratégique, dont le sortirait la mobilisation arabe à son profit, depuis le Maroc jusqu'à l'Arabie Saoudite. C'est aussi l'une des raisons pour lesquelles, malgré les objurgations répétées de son allié français, Saddam ne voulait pas – au moins à l'automne 2002 – admettre publiquement qu'il ne disposait plus d'armes de destruction massive en état de fonctionner, ce qui, à ses yeux l'eût directement discrédité auprès d'une opinion arabe et musulmane, dont il espérait, à terme, prendre le leadership à travers ses diverses alliances : la tendance Arafat/Barghouti d'al-Fatah, encore puissante à ce moment-là malgré la mort du premier et l'incarcération du second en Israël, ne jurait que par lui, l'aile intransigeante du Baas syrien du beau-frère de Bachar Assad, Shawkat, le chef de ses services secrets, l'avait puissamment aidé à déjouer l'embargo pétrolier, l'essentiel de l'armée pakistanaise, et à présent le leadership d'al-Qaïda, derrière laquelle se profilait la faction la plus antichiite du royaume saoudien, voyaient en lui le chef de file d'un sunnisme révolutionnaire, réconcilié avec l'islamisme radical. Les dernières inspections de l'Unscom permirent au moins de constater que tous les sites chimiques, convenablement désinfectés, peut-être au dernier moment, avaient été conçus pour un usage dual, civil et militaire, de l'industrie pharmaceutique locale.

Considérons à présent les limites opérationnelles de l'armée irakienne. Depuis la retraite forcée du maréchal Hassan Bakr en 1979, Saddam avait retiré à l'armée toute initiative véritable, par crainte d'une politisation hostile, qui aurait pu aboutir à un coup d'Etat. Les généraux sur le terrain n'avaient donc aucune initiative, et la centralisation absurde du commandement avait abouti à l'imposition par Saddam et ses deux fils, Udaï et Koussaï, fin 2002, d'un plan d'opération qui amenait à regrouper toute l'armée irakienne par cercles concentriques autour de Bagdad, lequel aboutit à accélérer la percée blindée-mécanisée des forces américaines et la destruction totale du corps de bataille irakien. Toujours dans la conception imposée par Saddam depuis la guerre du Koweït (mais non auparavant), les armes chimiques déployées au niveau de la division, conformément à la doctrine d'emploi soviétique, demeuraient néanmoins placées sous le contrôle rigoureux du centre : pour éviter à la fois la capture de ces armes par l'ennemi, et tout autant leur déclenchement non autorisé par un commandant d'unité rendu nerveux par son encerclement, et coupé par ailleurs de Bagdad par les effets spectaculaires de la guerre électronique américaine, Saddam avait décidé qu'il serait seul à décider de l'emploi des armes chimiques et bactériologiques. On observera à ce propos que l'usage de ces moyens de destruction aura été, depuis l'opération Anfal contre les Kurdes des années 1980, réservé aux forces aériennes, plus proches du centre et plus mobiles. On doit cette innovation au brillant lieutenant du raïs qu'était « Ali le Chimique », Ali Hassan Madjid, un des plus grands criminels de guerre de notre époque, dont le procès par le nouveau gouvernement irakien n'est pas encore parvenu à son terme.

Dans un remarquable ouvrage de synthèse sur la technique de la guerre biologique, Patrick Berche [1] rappelle l'énorme importance du programme biologique irakien dans les années 1980 et 1990,

1. Patrick Berche, *L'histoire secrète des guerres biologiques*, Laffont, 2003.

évoque le rôle considérable de la favorite Riad Taha, raconte par le menu les programmes assez terrifiants mis en œuvre d'abord à Muthanna, banlieue de Bagdad, puis après 1987 dans la grande base de Hakam en plein désert. Il insiste aussi sur la grande importance donnée à la production d'anthrax (le surnom de Riad Taha était « Lady Anthrax »), et sur l'initiateur de tout le programme, le bactériologiste Nasser Hindawi, un spécialiste reconnu de la maladie du charbon), les expérimentations réussies sur des animaux, et même le transport des substances toxiques sur des têtes de missiles et des munitions aériennes.

Puis, après avoir égrené par le menu l'ampleur et la létalité des programmes biologiques irakiens, avant et après la guerre du Koweït, nous tombons en conclusion de son chapitre magnifiquement informé sur une conclusion très politiquement correcte selon laquelle Bush, Powell et compagnie auraient menti sciemment à l'opinion mondiale en 2003 sur le maintien de ces programmes, dont la réalité antérieure ne fait pourtant aucun doute. Les Américains restent ainsi des « méchants » et tout va bien, dans un monde enfin aseptisé par l'« obamisation » générale.

On ne peut toutefois blâmer Patrick Berche, pour sa réaction, éminemment positiviste, qui sera celle d'un très grand nombre de ses confrères, par ailleurs parfaitement informés sur l'existence antérieure de programmes d'armes de destruction massive en Irak, ces derniers rendus eux-mêmes possibles, pendant la guerre des années 1980 avec l'Iran, par des livraisons massives de produits toxiques de brevets, ou même de préparations biologiques par la France, la Grande-Bretagne, la Suisse et les Etats-Unis. Manifestement, l'Amérique de Bush Ier, sous l'influence d'une Arabie Saoudite alors pro-irakienne, avait tacitement accepté que le programme bactériologique de Bagdad devait demeurer une alternative dissuasive non nucléaire, face à la menace potentielle iranienne. Bien que connaissant la plupart des sites de guerre biologique, l'Amérique n'en bombardera aucun en 1991, ce qui ne peut aucunement être l'effet du hasard. Mais on ne pourrait attendre de George W. Bush qu'il stigmatisât l'irresponsable laxisme de son propre père dans les années 1980, d'autant plus qu'il s'opposait très consciemment, très œdipiennement et plus discrètement, à la politique pro-saoudienne de son géniteur et de son inspirateur, le général Scowcroft.

Résumons la position de l'opinion bien informée : c'est incontestable, Saddam avait été un fervent partisan des armes de destruction massive. Mais vers 2003, cela devait faire plusieurs années que, faute de moyens, l'Irak avait renoncé à ces armes, sans doute provisoirement. Pourquoi, rétorquera-t-on, dans ces conditions, ne pas accepter des inspections intensives de l'Unscom qui auraient fait la preuve de cette inexistence ? La réponse qui nous est faite est extrêmement faible : Saddam était orgueilleux. Reconnaître sa nudité sous la menace équivalait à renoncer au quasi-califat dont il se croyait investi. Et faute de preuves tangibles, Bush, Cheney et consorts auraient manipulé la CIA qui avait ses doutes, et monté une abondance de mensonges rapidement dévoilés. A la fin, l'incapacité de Bush à fournir la moindre preuve tangible de ces programmes serait la confirmation définitive de son cynisme impérial.

Pourtant, un élément étrange m'avait tout de suite frappé : Poutine fut le premier à soulever le lièvre des armes de destruction massive, quelques jours seulement après l'entrée des Américains à Bagdad. Lieutenant-colonel du KGB, qui, contrairement à ses aînés, a l'habitude de trop parler, Poutine venait, en souriant, de révéler que ses renseignements à Bagdad étaient supérieurs à ceux de la CIA. Et il existe depuis la crise du Koweït de 1990 un fort « parti irakien » à Moscou, qui, comme son homologue français, embrasse la plupart « des ennemis du genre humain » dans une même sympathie chaleureuse : Serbes de Milosevic, Irakiens de Saddam, avec un troisième allié optionnel chez les Français, les Hutus génocidaires, chez les Russes, les Nord-Coréens chamanistes. Le leader du lobby irakien en Russie, qui avait proposé d'envoyer des volontaires à Bagdad dès 1990 (et qui en enverra effectivement quelques-uns à la Serbie trois ans plus tard), le général Makachov, avait malheureusement été arrêté pour sa participation au putsch d'août 1991 contre Gorbatchev. Il sera remplacé à la tête de son officine par un autre putschiste rapidement élargi, le général de parachutistes Atchalov qui avait infructueusement tenté de conserver le contrôle de la ville de Moscou pour les putschistes, en août 1991. Bien vite, il deviendra un conduit entre le Kremlin et Saddam Hussein. Ceci, qui ne manque pas d'importance, en raison des liens anciennement étroits de la Russie et de l'Irak au moins sur le plan purement militaire, et de l'importance qu'y attachait le chef d'état-major de Eltsine, le très antisémite général Kvachnine. Avec Poutine, les relations russo-irakiennes se réchauffent encore davantage, si c'était possible, sous l'égide notamment du nouveau ministre des Affaires étrangères, Piotr Lavrov, allié au renseignement militaire, le GRU.

La France serbo-irakophile offrira ses « cibles humaines » qui proposaient en 2002 de se faire attacher sur des missiles irakiens par de sympathiques saddamistes moustachus ; la Russie fera mieux : fin 2002, et à nouveau au début de 2003, Atchalov effectuera deux visites triomphales à Bagdad, sans plus d'effet sur l'issue finale du bras de fer américano-irakien que le volontariat français des cibles humaines. Certes, mais qui par deux fois accompagne Atchalov dans ses voyages : un allié politique, mais aussi militaire autrefois, très respecté de ses collègues, le général Maltsev [1], lequel fut jusqu'à la fin de l'Union soviétique... le chef d'état-major des troupes chimiques, l'un des meilleurs connaisseurs des problèmes techniques posés par les armes ABC.

Là-dessus intervient depuis les Etats-Unis, où la CIA l'a recueilli dès 1985, l'ancien chef des services de renseignement de Ceausescu, Ion Pacepa. Ce dernier est une source très fiable. Il a en particulier identifié convenablement le colonel du KGB qui a recruté en 1956 le plus grand nombre d'officiers hongrois de la sécurité roumaine, pour les employer sur les trottoirs de Budapest, lors de l'insurrection. Ici, il révèle le rôle des agents et militaires roumains, aux côtés de leurs collègues soviétiques du GRU, au service de Kadhafi, dans les années 1980. En 1985, après le bombardement surprise de Tripoli, le dictateur libyen redoutait une invasion américaine, et surtout que ses armes de destruction massive, essentiellement chimiques, ne fussent capturées par Reagan. Les Roumains lui avaient fourni l'essentiel de celles-ci avec le feu vert de Moscou [2]. Pacepa se serait

1. Même ruse poutinienne, avec les visites du maréchal Yazov, putschiste de 1991, et dernier ministre de la Défense soviétique, en Corée du Nord où il vient appuyer le perturbateur local, Kim Jong Il.

2. On retrouvera d'ailleurs en 1989 des barbouzes libyens faire le coup de feu pendant la révolution démocratique de Bucarest, contre les insurgés démocratiques roumains, aux côtés des derniers résidus terroristes de la Securitate.

arrangé, avec l'aide technique de Maltsev (déjà), pour détruire sur place les fûts d'armes chimiques, enterrer les récipients compromettants dans le désert, et cacher les protocoles de fabrication dans des lieux sûrs, pour pouvoir, l'alerte terminée, reconstituer ces systèmes d'armes. L'opération avait été menée en trois jours, Pacepa venant inspecter le travail sur place. Le nom de code de celle-ci était en roumain Sarindar (nettoyer) et avait un autre nom de code russe. Pour Pacepa, la présence de Maltsev derrière Atchalov avait pour but de permettre de fournir le savoir technique pour liquider tout le matériel irakien suspect, avant une possible invasion américaine. Il va de soi qu'ainsi débarrassé de son encombrant attirail, Saddam pouvait peu à peu lâcher du lest sur les inspections intrusives : c'est bien ce qu'il fera à partir de février 2003, mais trop peu encore, et trop tard, fort qu'il se croyait de l'appui de la France et de la Russie, du consensus pacifiste en Europe, des réticences saoudiennes notoires à faire sauter le couvercle chiite en Irak.

Reste l'absence des laboratoires mobiles de guerre biologique qu'avait imaginés (à tort) George Bush : là encore, l'erreur provient de la projection inconsidérée de technologies soviétiques sur le cas irakien : ces dispositifs, mis au point par le colonel ouzbek Ken Alibekov, avant sa défection aux Etats-Unis où il en livre une description détaillée, avaient la préférence opérationnelle des Russes. Mais pas nécessairement des Irakiens, qui sous l'impulsion d'« Ali le Chimique » (Madjid) avaient accordé une nette préférence à l'arme aérienne. On remarquera que de nombreux avions de combat, délestés de leurs missiles, ont été enterrés, sans doute décontaminés en profondeur, dans les sables du désert d'Irak, où les Américains mettront des mois à les exhumer.

Il me paraît dès lors hautement probable que l'Irak a continué sa production d'armes de destruction massive, principalement bactériologiques, jusqu'au bout, en 2002, ce qui explique bien mieux les réticences constantes de Saddam aux inspections, alors que le couteau se rapprochait de sa gorge.

J'irai même un peu plus loin : l'existence de deux types d'anthrax utilisés dans des correspondances mortelles aux Etats-Unis, après le 11 septembre 2001, pourrait bien avoir pour explication l'émulation par des terroristes d'al-Qaïda, cachés sur le territoire américain, des premiers courriers, incontestablement américains, envoyés au Congrès. Cet anthrax de deuxième catégorie devrait bien être un produit irakien, puisque des spécialistes tels que Patrick Berche indiquent que l'anthrax irakien, moins performant que celui fabriqué aux Etats-Unis et dans la défunte Union soviétique, avait tendance à se détruire partiellement avec l'impact d'un missile, parce que ses spores étaient moins fines et plus vulnérables aux chocs mécaniques et thermiques [1].

Il demeure que, malgré un dossier plus solide qu'on ne le croit, l'Administration Bush essuya ainsi sur le terrain des armes de destruction massive (ADM) une débâcle de propagande totale, qui pèse encore lourdement sur le jugement que l'on porte sur le président sortant. Nous pouvons à présent comprendre un peu mieux les origines de cette débâcle :

D'abord, les secrets d'Etat jamais divulgués par l'Administration, qui auraient pu emporter l'adhésion de l'opinion éduquée, mais auraient inévitablement eu des conséquences incalculables : les premiers liens d'al-Qaïda avec l'Irak ont été intégralement provoqués par les services pakistanais. Mettre en cause ainsi directement son allié, certes réticent mais indispensable, était impossible pour l'Amérique en guerre, surtout à l'époque (2002-2003) où AQ était à la tête du programme nucléaire d'Islamabad, et pas encore contrôlé dans ses lancinantes provocations.

Ensuite, la destruction de toutes les traces d'armes de destruction massive par les Russes n'aurait jamais pu être pleinement comprise à temps. Si Pacepa n'a pu s'exprimer, plus de six mois après l'entrée des Américains à Bagdad, qu'avec l'autorisation expresse de la CIA, son

1. *Op. cit.*

témoignage presque confidentiel sur Internet aura été un message de prudence, d'ailleurs suivi d'effet, adressé à Poutine, et non une mise en cause officielle de la Russie, également impensable à ce moment-là [1]. En revanche, cette affaire explique mieux l'engagement exagérément déclaré des services secrets américains derrière les révolutions antirusses d'Ukraine et de Géorgie, par la suite.

Les Anglais, engagés avec les Italiens dans une négociation décisive avec Kadhafi, qui aboutira à son renoncement total aux armes de destruction massive (ici essentiellement son programme nucléaire), ont toujours refusé de divulguer leurs sources et assuré la falsification sécuritaire de leur document sur le Niger. C'en était assez pour que le cynique Wilson et la naïve Valérie Plame, sa compagne, s'engagent dans une campagne de parfaite mauvaise foi au service de l'aile pacifiste du parti démocrate. Lorsque le chef de cabinet du vice-président Cheney, Scooter Libby, se fut rendu coupable d'une violation d'une loi fédérale, en révélant l'appartenance de Mme Plame à la CIA, à des journalistes choisis, la débâcle devint complète.

Enfin, la CIA était entrée en guerre avec l'Administration, dès le départ de George Tenet,

1. Condoleezza Rice parlait même à l'époque de « pardonner aux Russes » pour des raisons de stratégie à long terme. Cette politique est devenue aujourd'hui celle d'Obama.

engagé courant 2002. Très attachée à l'alliance saoudienne et au dialogue avec les islamistes récupérables, la centrale de Langley détestait la stratégie pro-chiite et pro-israélienne des néo-conservateurs et leur alliance avec le dissident irakien Ahmet Chalabi, sur lequel elle parviendra à jeter le discrédit en 2005 en étroite coopération avec le FBI. Il est clair qu'un homme comme Richard Perle, après le vétéran du néo-conservatisme qu'était le sénateur de New York Patrick Moynihan, avait demandé, noir sur blanc, dans un livre publié en 2002, la dissolution de la CIA, dont les dépouilles auraient été partagées entre le département d'Etat et le Pentagone, selon le modèle britannique où l'Intelligence Service est rattachée au Foreign Office et le Service Action (les SAS), aux forces armées. Dès lors, influencée par le lobby saoudien et anti-israélien de Brent Scowcroft et Zigbiniew Brzezinski, lesquels demeuraient très proches de l'ancien président Bush père, la campagne des vieux turbans de la droite classique et des services secrets venait relayer celle de la gauche pacifiste du parti démocrate. Les grands journaux, qui avaient jusque-là retransmis sans discernement le discours de l'Administration, cherchèrent dès lors à se dédouaner à tout prix.

Powell, dont le discours de 2003 aux Nations unies suintait l'impréparation et les demi-vérités, finit par se désavouer lui-même à la fin de la présidence Bush ; le FBI avait déjà nié les possibles complexités des attaques à l'anthrax, la CIA interdit toute allusion à l'Arabie Saoudite, ou pire encore au Pakistan. Restait le lampiste : le mollah Krekar, chef d'un groupuscule islamiste kurde lié à al-Qaïda, installé tout contre la frontière de l'Iran, et qui recevait certes les encouragements de Saddam Hussein pour nuire aux partis kurdes démocratiques déployés dans leur réduit du Nord-Est, mais d'abord... avec ce qu'il omit de préciser à la tribune des Nations unies, la tolérance et même une certaine aide logistique des mollahs iraniens, en guerre larvée contre leur propre minorité kurde. Les quelques centaines de coupe-jarrets de Krekar furent du reste entièrement éliminés par des bombardements intensifs américains, dès le début de la campagne d'Irak. Il s'agissait d'une preuve tout à fait anecdotique (bien que très réelle) de la présence sous cette forme d'al-Qaïda en Irak, avec le consentement de Saddam Hussein.

Mais si l'on veut aller plus loin, on imputera à l'Administration Bush, malgré l'indéniable courage candide du président, une contradiction fondamentale : celle d'avoir voulu mener, à juste titre, une véritable guerre contre le terrorisme islamiste sans pour autant s'en donner les moyens intérieurs. Passe encore la protection machiavélique de la cour saoudienne et de l'armée pakistanaise, et passent même les mensonges lénifiants sur l'attaque à l'anthrax et les menaces bactériologiques (et sans doute « radiologiques ») posées par al-Qaïda et ses alliés pakistanais autour d'AQ Khan. Mais à tout le moins, le président aurait pu créer un autre climat moral, en enrôlant au lendemain du 11 septembre plusieurs personnalités démocrates, en rappelant les réservistes de l'armée et en constituant un service civil auxiliaire, surtout en augmentant les impôts pour financer une véritable guerre. Mais cette posture rooseveltienne était beaucoup trop éloignée de l'absence d'idéaux démocratiques d'une élite financière cynique et individualiste qui imposera peu à peu à un Bush hésitant une politique de cabotage sectaire à l'intérieur qui finit par rendre illisible une politique essentiellement juste de lutte antiterroriste que contredisaient évidemment le laxisme fiscal et les mensonges lénifiants d'un parti républicain inconséquent dans le choix de ses valeurs.

Bientôt, l'invasion de l'Irak et la chute du régime baasiste allaient enfin confronter les Etats-Unis au cœur du conflit moyen-oriental, leur permettant de mesurer l'extrême difficulté de la tâche, mais aussi les immenses potentialités qui s'ouvraient peut-être également à une politique américaine plus réfléchie.

Le Janus iranien

Il faut à présent examiner les rapports des Etats-Unis et de l'Iran, ce qui nous fait directement entrer dans notre futur proche.

Dès lors que disparaissait Saddam Hussein, c'est une configuration toute nouvelle qui apparaissait, celle de l'émergence, comme naturelle, de la puissance iranienne, et des hésitations mutuelles qui résultent de la confrontation peut-être évitable de Washington et de Téhéran. Or cette confrontation, on dira sans exagération aucune que s'y joue une bonne part de l'équilibre des forces du XXIe siècle, pour plusieurs décennies.

Rien n'est clair dans le rapport des deux nations. Pour le mesurer, posons deux termes d'une alternative qui, elle, le serait parfaitement.

L'option de la grande réconciliation : l'Iran est fatigué de son isolement international, lequel est largement l'œuvre de ses propres dirigeants. La société iranienne, du moins à Téhéran et dans les grandes villes, aimerait secouer le fardeau de la contrainte islamique. Seul de tous les Etats musulmans de la région, l'Iran dispose d'une vaste diaspora de plus de deux millions de personnes, essentiellement installée aux Etats-Unis, surtout en Californie, où elle prospère, sans pour autant rompre culturellement avec la mère patrie.

L'Amérique de son côté perd peu à peu toute indulgence d'abord envers les talibans barbares à Kaboul (que lui avaient survendus les services pakistanais et britanniques, ici associés), puis envers la dictature sunnite et panarabe à Bagdad. Or, l'Irak de Saddam et l'armée pakistanaise sont de plus en plus associés depuis la fin des années 1990 dans un « containment » de la puissance iranienne, qui fait d'autant moins l'affaire des Etats-Unis que, par ailleurs, l'Arabie Saoudite a bel et bien saboté la tentative la plus sérieuse du règlement de la question palestinienne à Camp David en l'an 2000. En subventionnant généreusement l'Intifada des mosquées d'Arafat en concurrence avec l'Irak saddamiste, l'Arabie Saoudite, unanime, a porté un coup majeur à la politique de son supposé allié, les Etats-Unis. Il n'est pas jusqu'au lointain Kosovo où la politique iranienne ne converge idéologiquement avec celle des Etats-Unis.

Débarrassés de leurs deux impitoyables ennemis : les talibans afghans qui avaient torturé et exécuté leurs diplomates-espions à Mazar-e-Sharif en 1998, et les sunnites baasistes irakiens qui persécutaient plus que jamais la majorité chiite de leur pays et essayaient même de détacher la Syrie voisine de son alliance avec Téhéran, les dirigeants de l'Iran auraient pu alors jouer la carte du dialogue et de l'ouverture.

Ou au contraire, l'Iran aurait pu, dans un raisonnement cynique mais nullement impossible en principe, prendre les crosses des « islamistes persécutés », donner l'asile politique à des cadres d'al-Qaïda, précipiter une réconciliation de leurs partisans avec ceux de Saddam Hussein en Irak, avec les jihadistes sunnites par la suite, après la chute de Saddam. Téhéran aurait également dû, dans cette hypothèse, se réconcilier avec l'armée pakistanaise, la conforter dans son antiaméricanisme et approcher le complexe nucléaire pakistanais pour y trouver une aide technologique, et couronner le tout par un dialogue actif avec les Frères musulmans égyptiens et le Hamas palestinien, en jouant la carte du dynamique Hezbollah libanais.

La confusion actuelle résulte du fait que les deux politiques ainsi décrites ont été mises en œuvre par les dirigeants iraniens, non pas l'une après l'autre, mais en quasi parfaite simultanéité, jusqu'à rendre illisible la stratégie iranienne. La République islamique a en effet, depuis le 11 septembre 2001, donné effectivement asile à une cohorte de militants d'al-Qaïda en fuite, tout en les assignant à résidence à Yazd au centre du pays, et aidé dans le même temps, de ses moyens subversifs et de ses alliances locales, l'offensive américaine contre les talibans de l'automne 2001, refusé une aide directe ou indirecte à Saddam à la veille de la campagne de 2003, tout en poussant les feux d'une alliance du Hezbollah libanais et du Hamas palestinien, dès la mort d'Arafat. Puis, l'Iran s'est réjoui ouvertement du caractère chiite de plus en plus marqué du gouvernement de Bagdad mis en place par les Américains, tout en encourageant l'armée du Mahdi du mollah Moktada Sadr à défier les armes à la main le pouvoir américain. Récemment encore, les Iraniens ont dispensé des conseils de modération au Hezbollah libanais, tout en encourageant le Hamas palestinien à tous les débordements, et retiré promptement Moktada Sadr, pour permettre au général américain Petraeus, qui a d'ailleurs salué ce concours, de réussir sa reprise en main du territoire irakien (« the surge », ou « émergence »). Pendant la même période, l'Iran est enfin apparu de plus en plus intraitable dans la gestion d'un dossier nucléaire, qui revêt une apparence dramatique.

Un tel dédoublement dépasse largement le stade tactique, pour conduire à ce que l'école psychanalytique de Gregory Bateson à Palo Alto qualifie de « double bind » (ou double lien contraignant), lequel entraîne, on le sait, de graves troubles du comportement. L'Iran actuel est en proie à ces troubles : une inflation aux alentours de 25 %, des pénuries qui n'ont rien à voir avec les timides sanctions de l'ONU, une grande faiblesse de l'investissement productif, une rente pétrolière aujourd'hui en berne, mais déjà largement écornée pendant la période de hautes eaux par la nécessité de réimporter 40 % de l'essence consommée par faute de capacités de raffinage, des mesures confuses en tous domaines, ayant entraîné la démission de deux directeurs successifs de la Banque centrale, ainsi qu'une grève spectaculaire du Bazar de Téhéran, la dernière du genre ayant eu lieu en 1978, un an avant la chute du Chah. Et pourtant tout le monde, depuis Ankara et Jérusalem jusqu'à Islamabad et Washington, tremble devant le « tigre de papier » qu'est tout de même l'Iran. Et tout le monde a, ici, paradoxalement raison. Car la lutte qui se déroule en Iran est décisive pour l'avenir du monde, comme si la culture qui avait inventé, dès la plus haute Antiquité, le combat de la lumière et des ténèbres, la lutte du Dieu bon et du Dieu du mal, ainsi que l'avènement du messie (le shaoshyant de Zarathoustra), allait connaître un tel affrontement, sans doute pour son malheur comme pour son éventuel triomphe futur.

Cette lutte est présente en réalité dès la révolution islamique de 1979 : celle-ci résulte en fait de l'alliance, profondément incompatible à terme, de la gauche démocratique héritière de Mossadegh, qui prend ainsi sa revanche posthume sur le coup d'Etat de 1953, ourdi contre lui par le Chah et la CIA, et de la droite cléricale la plus sombre, celle-là même qui, avec l'ayatollah pro-nazi Kachani, avait alors prêté main forte au retour du Chah. (Le fils de Kachani est d'ailleurs aujourd'hui un grand partisan d'Ahmadinedjad.) Entre ces deux camps, une partie des partisans de Khomeyni, qui, tout en partageant ses passions islamistes, souhaitaient instaurer une société plus juste, plus solidaire et peut-être même plus moderne, pour certains d'entre eux, dont le fils du Guide, Ahmad, grâce à son alliance avec les communistes du Toudeh à l'intérieur, avec l'Union soviétique à l'extérieur.

L'agression irakienne de 1980 accélère la dissolution du spectre de la révolution iranienne : démocrates laïques et musulmans, révolutionnaires plus jeunes qui se rattachent aux grands ancêtres sont alors violemment balayés, le président libéral de gauche Banisadr contraint à la fuite à l'étranger. L'attentat au siège du Parti de la République islamique de 1982 change la donne : la droite religieuse Hodjatieh, à laquelle appartient déjà Ahmadinedjad, est décimée (la plupart des « 72 martyrs » qui y périssent sont ses principaux chefs). L'Amérique soutient, non sans hésitation, Saddam Hussein, que la France pour sa part embrasse inconditionnellement, s'attirant ainsi la riposte des attentats de 1986-1987. Il ne reste plus, pour un temps, à l'Iran qu'à se tourner avec une certaine prudence vers la Russie encore soviétique. Saddam rapidement bloqué dans son offensive militaire, toute une école en Israël, qui a vu, en 1982, les chiites du Sud-Liban, très hostiles à l'OLP, accueillir Tsahal en libératrice, pense alors pouvoir renouer avec Téhéran et entraîner l'Amérique de Reagan dans son sillage. Si Rafsandjani parvient à vendre à l'Etat hébreu des tonnes de pistache, négociées par sa famille, il reculera au dernier moment devant un début de réconciliation avec l'Amérique, laissant l'amiral Poindexter stationner vainement sur l'aéroport de Téhéran, avec un gâteau de bienvenue inutilisé. Le déclin de l'Union soviétique tend initialement les relations avec Moscou et entraîne la répression tardive des communistes du Toudeh, mais lorsque Gorbatchev évacue l'Afghanistan et donne des signes évidents de faiblesse intrinsèque, Rafsandjani renouera progressivement avec l'Union soviétique. En 1989, la mort de Khomeyni lui ouvre les portes du pouvoir personnel : le successeur du Guide, l'ayatollah Khamenei, est un personnage plus falot qui, malgré sa supériorité hiérarchique, laisse les coudées franches au président Rafsandjani. Commence alors, de 1989 à 1997, une période de rééquilibrage politique constant : bonapartiste dans l'âme, Rafsandjani gouverne avec des islamistes terroristes, comme son chef des services secrets Fallahian qui fait assassiner tour à tour l'ancien Premier ministre libéral Shapour Bakhtiar à Paris, et le leader kurde Ghassemlou à Vienne. Il organise contre les Saoudiens des incidents incessants au pèlerinage de La Mecque et aide le Hezbollah libanais à porter la guerre contre Israël et la communauté juive locale en Argentine. Et pourtant, dans le même temps, il laisse la gauche, anciennement pro-communiste, du fils du Guide Ahmad Khomeyni et de son ministre de la Culture Khatami canaliser le désir de liberté des intellectuels et de la jeunesse. C'est durant cette période que tant de jeunes révolutionnaires islamistes se convertissent à des idées, nouvelles pour eux, de démocratie, voire de laïcité contrôlée, se rapprochant du Premier ministre de la République islamique, Mehdi Bazargan, dernier héritier légitime du grand Mossadegh. La propre fille de Rafsandjani, grande féministe qui joue un rôle majeur dans la politique locale à Téhéran, et le maire de la ville, Karbachi, encouragent ouvertement cette gauche progressiste, sans pourtant rompre avec Rafsandjani. Le rapport de forces au sein du régime commence ainsi à s'inverser pour de bon.

En 1997, Rafsandjani est parvenu au terme de ses deux mandats présidentiels et ne peut en briguer un troisième. Il soutient sans enthousiasme le président du Parlement de l'époque, nettement moins habile et plus ouvertement conservateur qu'il ne l'était, tandis que sa propre fille crée le premier hebdomadaire féminin contestataire et que le maire de Téhéran, son dauphin, suscite un mouvement pour la « Reconstruction » qui soutient la candidature d'un véritable outsider, l'ancien ministre de la Culture Khatami, qui a entre-temps évolué d'une sorte d'islamo-marxisme bienveillant vers un libéralisme politique authentique. Divisé, le groupe dirigeant iranien laisse proliférer les candidatures, et Rafsandjani, qui sous-estime Khatami, n'est pas fâché de voir celui-ci faire un score important, afin de menacer le nouveau président qu'il voit parmi les candidats conservateurs relativement modérés. Et c'est le coup de tonnerre : Khatami est élu par près de 75 % des Iraniens. Quatre ans plus tard en 2001, malgré une période de gouvernement difficile, constamment entravé par les conseils non élus placés par le Guide Khamenei ainsi que par Rafsandjani au-dessus de sa tête, Khatami retrouve encore 80 % des électeurs pour l'encourager à poursuivre sa « révolution de velours ». Il est courant d'entendre, en Iran comme à l'étranger, reprocher sa faiblesse au président d'alors et prétendre que son inertie est à l'origine de tous ses malheurs ultérieurs. Rien n'est plus éloigné de la vérité : les huit années de mandat de Khatami auront été marquées par une poussée démocratique, inconnue en Iran depuis 1953. Des lois votées par la majorité progressiste du Parlement, le Majles, ont instauré l'égalité juridique des hommes et des femmes devant les tribunaux, aboli de nombreuses dispositions discriminatoires de la Charia, un moratoire permanent – qui demeure – étant instauré pour les lapidations, imposé la liberte de la presse, encouragé le cinéma d'art, ouvert les frontières aux émigrés, et plus généralement instauré une libéralisation progressive des mœurs. L'université de Téhéran est devenue le théâtre permanent d'une véritable contestation culturelle de la vie quotidienne, pendant que des intellectuels autrefois islamistes redécouvraient, dans leur énonciation propre, les valeurs de la laïcité et la séparation nécessaire de la mosquée et de l'Etat. Certes, la guérilla fut permanente, bien des lois votées par le Parlement arrêtées en chemin, les conseils de surveillance placés en surplomb de la volonté populaire. Rafsandjani sut admirablement jouer de sa position centrale pour tantôt autoriser Khatami à avancer, tantôt au contraire lui tendre des embuscades pour l'affaiblir. Khatami eut en outre à traverser une mauvaise passe pour la rente pétrolière, entre son élection de 1997 et l'an 2000. Certains pensent aussi que les Américains sont demeurés trop peu réceptifs à ses invites à rétablir des relations normales, même si, poussés par Londres à partir de 1998, Madeleine Albright et Clinton eurent quelques ouvertures interrogatives favorables au nouvel Iran. En réalité, le déclin du pouvoir de Khatami est très étroitement corrélé au 11 septembre 2001 et à la polarisation qu'al-Qaïda parvint ainsi à créer au cœur du pouvoir iranien.

La césure qui s'installe est loin d'être passagère ou dépassable par le compromis, comme l'espère encore à ce jour le Guide Khamenei. Elle est en réalité fondamentale, et a mis fin d'un coup aux fondements établis de la République islamique.

Sur quoi la République islamique fonde-t-elle en effet sa légitimité ? Sur le fait que tout en étant un Etat islamique, elle demeure par certains égards une république ; et, à l'opposé, sur le fait que bien qu'étant une république, elle impose constamment les valeurs islamiques. D'un coup, ce dualisme claudiquant cesse d'être possible. Dans leur génie malade, les chefs d'al-Qaïda contraignent les Iraniens au choix, Islam ou république, qu'ils avaient jusqu'alors assez consciemment éludé. D'ailleurs, cette synthèse précédente se traduit bien dans le bilan global du régime : une économie perpétuellement en difficulté, même lorsque la vente des hydrocarbures fonctionne en sa faveur, comme ce fut le cas récemment, mais une société en incontestable progrès, notamment, étonnant paradoxe, sur le plan de la condition des femmes qui ont accédé en trente ans à l'éducation et à la promotion professionnelle, sur celui aussi de l'alphabétisation (90 % de la population contre moins de 45 sous le Chah), de l'assimilation linguistique des minorités, et, plus important encore, de la mortalité infantile qui descend vers des chiffres européens ainsi que de la contraception qui conduit inexorablement, avec la bénédiction des mollahs, à des familles urbaines de deux ou trois enfants.

Cette dualité du régime explique parfaitement

comment, tout à la fois, les oppositions ont pu progresser constamment, mais prenaient un caractère de moins en moins révolutionnaire, de plus en plus réformiste à mesure que la démocratie retrouvée fonctionnait en leur faveur. Mais cette même démocratie électorale demeurait striée de fulgurances terroristes, qui conféraient aux libertés, chèrement disputées, un caractère toujours aléatoire et exposé à l'arbitraire.

Cette ambivalence aurait pu se poursuivre pendant une décennie. Tel le doigt de Dieu, le 11 septembre en a accéléré la liquidation.

Pour les uns, les démocrates laïques et religieux, les pragmatiques à la Rafsandjani et même les conservateurs proches de Khamenei que le retour de l'extrémisme sunnite effraye de plus en plus, le 11 septembre contraignait désormais l'Iran à une sorte d'alliance, plus ou moins discrète, avec les Etats-Unis. Dans la rue, leurs partisans allaient bien plus loin : veillée de solidarité avec les Etats-Unis le 15 septembre 2001 devant l'ambassade de Suisse qui représente les intérêts de Washington à Téhéran, appel des étudiants à « liquider partout les talibans, et pas seulement en Afghanistan », remise en cause par l'aile marchante des progressistes de Khatami de tous les compromis passés avec le Guide et le Bazar. Dans un premier temps, le parti du progrès iranien sera donc polarisé à l'extrême par l'extinction du réformisme de compromis, apparu peu à peu après la mort de Khomeyni. Plus de 20 % des Iraniens qui avaient donné leur voix à Khatami en 1991, et à nouveau en 1997, s'abstiendront ainsi face aux intégristes d'Ahmadinedjad et refuseront, non sans danger ultérieur, leurs suffrages à Rafsandjani qui avait planifié son retour pour 2005. Mais une majorité d'Iraniens demeurait pourtant acquise à l'ouverture.

A l'autre pôle, « l'axe du mal » a pu resurgir, comme il ne l'avait jamais fait depuis 1982, avec l'assassinat de Bechechti et de Bahonar, fauteurs principaux d'une entente internationale avec les Frères musulmans sunnites. Leurs successeurs idéologiques, présents à tous les échelons du régime, voient le 11 septembre et la geste de Ben Laden comme l'annonce de la fin de l'empire américain. Ils en appellent par conséquent à remettre la République islamique sur ses bases intégristes initiales, préférant aussi une réunification de l'islam entre chiites et sunnites, qui préluderait, selon eux, à l'affrontement final, entraînant par là même le retour du Mahdi, le Sauveur de l'humanité, et le triomphe de la religion du Prophète, laquelle naturellement ne pourra qu'être dirigée politiquement et intellectuellement par le chiisme révolutionnaire de l'école des Hodjatiehs.

Entre ces deux pôles, pas d'intermédiaire, si ce n'est le louvoiement politique du Guide Khamenei, qui demeure le dernier à croire à l'unité substantielle de la République islamique et du chiisme intégriste, et tente de les sauver en passant sans cesse du soutien à l'un des camps en présence à la sauvegarde du parti d'en face, pour atténuer sans cesse la température de l'affrontement.

Très vite, l'Irak d'après Saddam va devenir le drapeau du combat des partisans de la réforme. Très vite, l'accélération du programme nucléaire sera celui du camp des extrémistes messianiques, dont la stagnation de la fin de la présidence Khatami et le dynamisme intégriste du sunnisme radical ont précipité le retour, comme si la pendule iranienne était revenue sur les débuts de la révolution, en 1979-80. Le choix des deux drapeaux n'est pas dû au hasard : l'un comme l'autre commandent la loyauté contradictoire de 90 % des Iraniens.

Le fait que plus de quatre siècles après la conquête ottomane, un pouvoir chiite authentique s'installe à Bagdad, que les lieux saints du chiisme, Nadjaf et Karbala, soient de nouveau accessibles sans limites aux fidèles, notamment iraniens, que le principal ayatollah du pays Sistani soit lui-même un Iranien de Machad, et que le déploiement américain en Irak serve à conforter des gouvernements successifs à Bagdad, dirigés chaque fois par des hommes qui avaient choisi le camp de l'Iran contre Saddam dans la guerre du Golfe, ce sont-là des éléments qui suscitent chez chaque Iranien une charge émotionnelle immense.

Même chose, à un degré moindre, pour la défense d'un Afghanistan dominé par des Tadjiks persanophones, de nouveau menacés par des Pathans intégristes ou les talibans ressuscités, entièrement tournés vers les ennemis les plus déterminés de l'Iran et du chiisme, l'armée pakistanaise et le wahhabisme saoudien.

Aucun Iranien ne peut ignorer que le renversement géopolitique qui redonne à son pays les clefs de la puissance régionale est impensable sans un degré de collaboration, et donc de réconciliation, avec la puissance américaine, plus encore avec un Obama qui, ayant décidé d'abandonner l'Irak, sans délai, en remet de facto la gestion aléatoire à l'Iran voisin. En ce moment même, services secrets iraniens et américains travaillent ensemble à renforcer, à Bagdad, le gouvernement de Nuri Maliki, et un peu moins clairement encore à préserver l'Afghanistan d'un retour massif des talibans.

Mais aucun Iranien, partisan du Chah, des ayatollahs ou même à terme d'une alliance avec Israël, ne peut ni ne veut renoncer à une ambition militaire qui a commencé bien avant la révolution islamique, et aboutira sans doute à sa finalité ultime, après elle, le programme atomique. Bien plus que par l'existence de la bombe israélienne, le programme est conçu et accéléré en partie par le défi pakistanais, à la frontière orientale, et la possibilité toujours ouverte que la bombe d'Islamabad, « la bombe islamique », soit mise à la disposition de l'Arabie Saoudite, qui en a assuré l'essentiel du financement. Dans le premier cas, l'Irak, les réformistes pro-américains sont parvenus à faire taire même le petit mollah Moktada Sadr, pris entre l'enclume des principaux ayatollahs d'Iran et d'Irak qui désapprouvent son orientation provocatrice antiaméricaine, et le marteau répressif de l'armée américaine, bien secondée sur le terrain par les brigades Badr, fidèles au Premier ministre Maliki et au leader chiite Abdel Aziz Hakim, proche de Khamenei sur le plan théologique.

A l'inverse, Ahmadinedjad, dans son attitude de défi sur la question nucléaire, reste appuyé sur une large majorité d'Iraniens, qui par ailleurs détestent son allure, ses manières, et même son programme. L'opposition de deux unions sacrées possibles autour de la bombe et autour de Nadjaf a effectivement paralysé la vie politique du pays et différé quelque temps, mais pas davantage, la polarisation croissante de deux Iran, l'Iran républicain et l'Iran intégriste.

On comprend mieux dès lors la bataille en cours et les termes du conflit. A la veille de l'élection présidentielle de 2005, Rafsandjani et son proche allié l'ayatollah Rouhani, qui négociait la question nucléaire avec l'Occident, étaient parvenus à la formulation d'un compromis possible, qui aurait gelé le problème stratégique pour quelques années, et laissé ainsi la porte ouverte à une réconciliation avec Washington, matérialisée à terme par un condominium accepté sur Bagdad et Kaboul, et une action commune de déblocage plus à l'ouest, c'est-à-dire à un assagissement du Hezbollah au Liban et à l'ouverture d'une négociation très progressive avec Israël, esquissée dès 2002 par le ralliement de Khatami à la solution de deux Etats, israélien et palestinien, côte à côte, ainsi que par le rétablissement en 2003 des relations diplomatiques de l'Iran avec l'Egypte et la Jordanie, malgré leur reconnaissance juridique de l'Etat hébreu.

En somme, l'Amérique, qui avait besoin du consensus tacite de Téhéran en Irak, l'obtiendrait en fin de compte, en échange d'un compromis ambigu sur le nucléaire iranien civil et, pour prix de sa compréhension, engagerait un retour complet de l'Iran sur la scène internationale en tant que puissance intégratrice et non plus perturbante. Le changement eût ainsi été effectif notamment dans des dossiers comme la consolidation de l'indépendance du Liban, la reprise des pourparlers de paix israélo-syriens, la stabilité du nouvel Afghanistan et, pourquoi pas, la protection d'une Arabie Saoudite plus modérée, gage d'un marché pétrolier plus stable. A peine ce programme engagé, la révolution démocratique de la société iranienne rejoindrait l'ouverture stratégique du pays. Rafsandjani revenait à la présidence, avec le consentement des progressistes de Khatami, afin de bâtir dans le calme ce tournant fondamental inspiré du basculement opéré par Deng Xiaoping en Chine, à la mort de Mao. Un beau rêve.

Malheureusement – et heureusement aussi – l'Iran de la fin des années 2000 n'est pas la Chine de la fin des années 1970 : le pouvoir symbolique du Guide Khamenei ne se rapproche de celui de Mao que par son cours hésitant et l'âge du capitaine, mais son poids relatif s'exerce bien entendu pas en faveur de l'ouverture à la différence de la situation qui règne en Chine en 1970. La faiblesse de la stratégie de Lin Biao, qui abhorrait tout autant la bande des Quatre constituée par les fidèles de Mao, que ses adversaires réformateurs autour de Chou Enlaï, laissait en fait un boulevard aux pragmatiques pro-américains en Chine ; pas à leurs homologues réformateurs iraniens d'aujourd'hui, lesquels sont pris à contre-cycle par la vague islamiste sunnite fanatiquement antiaméricaine, qui semble encore – hors Irak – une option tentante pour l'Iran.

L'équivalent iranien de la bande des Quatre maoïste, les tenants d'une renaissance révolutionnaire de l'islamisme intégral, appuyée explicitement sur Moktada Sadr en Irak et le Hezbollah au Liban, ont ainsi beaucoup plus de jeu entre les mains, dans une région où la hausse du prix des hydrocarbures peut nourrir le populisme autarcique et la montée des antagonismes, et justifier la reprise des affrontements. Rappelons qu'au moment du voyage de Nixon et Kissinger à Shanghai en 1972, le cycle des grandes insurrections paysannes de l'Asie s'essoufflait partout, tandis qu'émergeaient à partir du Japon, une Corée du Sud, un Taïwan, un Hong Kong et un Singapour dont les dynamiques industrielles impressionnantes montraient la véritable direction dans laquelle s'engageait le continent asiatique tout entier. Les réformateurs chinois rejoignaient ainsi le cycle de la révolution industrielle de l'Asie. Rien de tel aujourd'hui sur la scène moyen-orientale :

Dans le Moyen-Orient actuel, une Jordanie et un Dubaï sont encore trop peu puissants pour faire pencher de manière décisive le rapport de force en faveur de la réforme iranienne, ce ne sont que deux hirondelles qui n'annoncent pas le printemps véritable.

On pourrait même ajouter à ce bilan qu'à la différence de la Chine post-Révolution culturelle, où les réformateurs n'avaient plus aucune part à la délibération politique, les réformateurs progressistes iraniens avaient suffisamment pesé, souvent vainement, sur le pouvoir réel, entre 1997 et 2005, pour avoir le temps de décourager et de démobiliser leurs partisans initiaux les plus ardents et de devenir peu à peu indifférents à une partie de l'opinion, lasse de l'immobilisme. Rafsandjani, enfin, dont l'image de centriste calculateur, prompt à toutes les voltes et virevoltes, et qui demeurait aux yeux de l'opinion informée « l'homme le plus riche d'Iran », n'avait pas en 2005 l'aura morale des vieux communistes persécutés par Mao, qu'incarnaient alors Chou Enlaï et Deng Xiaoping.

Bref, les conditions iraniennes de 2005 étaient mûres hélas pour une victoire de la bande des Quatre locale à l'opposé de ce qui s'était passé en Chine, en de semblables circonstances. Cette triste victoire se produisit à l'élection présidentielle. Le corps des gardiens de la révolution, les pasdarans, incarnait les aspirations contre-révolutionnaires des vétérans de la guerre du Golfe avec l'Irak (1980-1988), et jouait ouvertement une carte dissuasive fondée sur l'émeute populacière contre Khatami et son gouvernement progressiste. Avec l'abstention massive des jeunes et des libéraux à Téhéran, il devint possible aux pasdarans de capturer l'élection à leur profit : on va alors chercher un visage nouveau, bien qu'inquiétant, celui du maire de Téhéran Ahmadinedjad, qui se fait une gloire douteuse en prétendant donner enfin le coup de balai à ses prédécesseurs, soi-disant tous corrompus, et eux seuls. Lisez plutôt ici l'assaut frontal contre l'ancien maire réformateur de la capitale Karbachi, très proche de la fille de Rafsandjani. Il est malheureusement incontestable que le petit flic menaçant qu'est Ahmadinedjad a réussi à susciter un réveil islamiste en province, où une personne meurt même dans un meeting à

Ispahan, écrasée par l'enthousiasme excessif des cagots locaux. Mais Rafsandjani pense avoir trouvé la parade en multipliant, à droite, les candidatures de diversion, notamment celle du réformateur policier Qalibaf, lequel dispose d'un réseau sérieux chez les pasdarans, outre la sympathie initiale du Guide et d'une opinion centriste attachée au maintien d'un Etat, au moins semi-islamiste. Fort des soutiens explicites d'un front large qui s'étendait des pasdarans les moins infâmes jusqu'aux progressistes les moins allumés, Rafsandjani se croyait en sûreté pour le second tour, et avec lui tous les gens de bon sens qui espéraient son retour à la présidence, depuis Washington jusqu'à Moscou.

C'était compter sans l'impatience de Khamenei qui avait pu mesurer que Rafsandjani avait imprudemment commencé la remise en cause du pouvoir du Guide, la « velayat e-faghi », c'est-à-dire de la dictature théocratique elle-même.

Avec la relative complaisance du Guide, l'extrême droite théocratique de l'ayatollah Mezbah Yazdi commença donc à mobiliser le corps des pasdarans pour manipuler massivement les urnes en province afin d'éliminer les bulletins en faveur de Qalibaf, et donner le sentiment que seul Ahmadinedjad incarnait désormais la fidélité à une révolution khomeyniste hostile à la corruption.

La suite est bien connue : tentatives continues du nouveau président pour restaurer l'ancien régime, intimidation de la société par les pasdarans, fermeture de nombreux journaux progressistes, dont un grand hebdomadaire féminin et féministe. Mais tout cela ne pouvait guère aller très loin. On ne fait pas tourner la roue de l'histoire en arrière en faisant redescendre le foulard sur le front des élégantes du nord de Téhéran, ni même en poussant les feux d'une alliance du Hezbollah libanais avec le Hamas palestinien, profondément indifférente désormais aux Iraniens.

C'est ici qu'en reprenant le contrôle de la négociation nucléaire et en en aggravant délibérément les termes, dès son arrivée à la présidence, Ahmadinedjad et ceux qui le pilotent dans la coulisse ont trouvé le moyen adéquat de faire prisonnier le corps politique d'un Iran qui, bien que pacifique et épris d'ouverture sur le monde (400 000 touristes iraniens chaque année passent l'été en Turquie, par exemple), n'en est pas moins profondément fier de son retour sur la scène nucléaire et par là, mondiale. Certes, Ahmadinedjad détestait l'ayatollah Rouhani, le négociateur nucléaire. Mais ce dernier était apprécié de Khamenei, qui le maintiendra d'ailleurs vaille que vaille comme conseiller personnel après son licenciement ignominieux par le nouveau président. Il s'agissait de proclamer à la face des Américains que toutes les concessions envisagées alors par Téhéran (notamment la poursuite du gel de l'enrichissement d'uranium) étaient nulles et non avenues. Certes, le courant Hodjatieh auquel appartient Ahmadinedjad est réputé de longue date pour son antisémitisme, sa haine des Bahais, dissidents religieux venus du cœur de la société iranienne, et sa défense maniaque de la vieille alliance nazie des années 1930, quand l'ayatollah Kachani se faisait recruter par l'Abwehr de l'amiral Canaris, son fils, également ayatollah, étant aujourd'hui, à Téhéran, un grand partisan d'Ahmadinedjad. Mais là encore, l'apparition subite du négationnisme néo-nazi comme un élément clef de l'identité du nouveau régime ressortit d'abord au cynisme délibéré : la réaffirmation sur le mode majeur de la nécessité d'anéantir Israël (qu'a toujours soutenue officiellement le régime, dès son instauration par Khomeyni), appuyée de la présence de Faurisson ou de David Duke du Ku Klux Klan, avait pour but essentiel de provoquer l'Etat hébreu, afin de parvenir à une polarisation croissante de la « guerre des civilisations », et gagner, malgré tout, le cœur de tous les intégristes sunnites, notamment égyptiens et palestiniens, au moment même où leurs très proches cousins irakiens s'affairaient à étriper le plus grand nombre de chiites qui leur tombaient sous la main à Bagdad.

Cette posture suffira-t-elle aux Hodjatiehs et autres intégristes messianiques pour conserver leur influence à la veille des élections présidentielles de juin 2009, et plus généralement à maintenir l'Iran sur le cours de la confrontation, si possible non armée, avec les Etats-Unis et Israël qu'ils appellent de leurs vœux, tout à la fois pour étouffer la démocratie en Iran et faire exploser, sous l'impact, un nouvel Irak chiite allié aux Etats-Unis, qui ne leur convient guère ? Les experts avançaient, à l'été 2008, un non prudent, mais sans doute à moyen terme. Or Keynes nous a rappelé opportunément qu'à long terme, nous sommes tous morts. Ni l'Iran ni la communauté internationale n'ont aujourd'hui la patience d'attendre aussi longtemps un lent redressement politique de l'Iran, à partir de ses courageux et prometteurs mouvements sociétaux. Précisément ce rappel n'est pas inutile puisque entre septembre et novembre 2008, une page entière de l'histoire mondiale s'est tournée avec l'effondrement du capitalisme à hégémonie américaine, et l'élection de Barack Obama à la tête du premier pays de la terre, « l'ange noir », à la tête d'un « Satan blanc », qui pour l'instant ne porte plus très beau. Il est donc temps de jeter en conclusion un bref coup d'œil sur cette scène mondiale afin de redescendre ensuite en quelques mots dans l'espace confus et troublé du nouveau Moyen-Orient.

Conclusion

Pour une fois, le bilan de l'année 2008 et les perspectives pour 2009 sont d'une désarmante simplicité : une crise d'une ampleur sans précédent depuis 1929, et, face sombre d'un mécanisme dont a pu largement profiter dans les dix années précédentes, une mondialisation effective et sans limites assignables, dont le sens se retourne à présent. Car c'est cette mondialisation qui va propager, à la vitesse de l'éclair, c'est-à-dire de nos modernes communications électroniques, le point de déchirure survenu au centre du système, à New York une fois encore, après l'effondrement de 1929. Si les causes initiales du phénomène demeurent débattues, ses effets ne sont guère mystérieux : la paralysie du système bancaire a très vite entraîné, dans tout le monde développé, une contraction gigantesque du crédit. Nous retrouvons ici les mécanismes bien décrits par Keynes, pour la situation de 1929 : baisse généralisée des prix, depuis les matières premières jusqu'au cours des actions, explosion quantitative et stérilisation de l'épargne, difficulté des échanges et pression vers des mesures protectionnistes de plus en plus affirmées – immédiates notamment sous la forme de la course à la dépréciation monétaire, plus durables avec le retour de subventions massives de l'Etat aux industries nationales. A court terme également, la poussée du chômage, dans toutes les économies, engendrera un cercle vicieux, en atteignant chaque fois de plein fouet le niveau de consommation courante de chaque pays, laissant à chacun d'entre eux le soin de combler la béance ainsi créée, en encourageant un surcroît d'exportations à bas prix. L'expansion de ces exportations aidées ne saurait durablement être admise par les Etats qui auront le plus fait pour la relance en termes de déficits budgétaires (Amérique, Angleterre, France) et verraient ainsi leurs efforts détournés par des concurrents qui se seraient, pour leur part, dispensés de cet endettement. Ici, c'est surtout l'Allemagne et la Chine que l'on montre du doigt. En réduisant drastiquement la demande solvable des pays émergents producteurs de matières premières – essentiellement la Russie, le Venezuela et les pays du Golfe persique – Arabie Saoudite, Iran et Emirats –, des phénomènes de grippage de ces économies vont également peser sur l'équilibre du monde développé, réduisant un peu plus encore le volume et la valeur du commerce mondial, asséchant rapidement la liquidité disponible des fonds souverains des pays émergents, sur laquelle comptent encore de nombreux investisseurs, outre, bien sûr, les menaces non économiques, exogènes, de déstabilisation politique, particulières à plusieurs de ces pays.

C'est ici que s'ouvre un gigantesque paradoxe : si la perspective à court terme de notre économie mondialisée en crise est particulièrement sombre, il faut bien reconnaître, en revanche, que les résultats que l'on peut d'ores et déjà attendre de la purge du système sont, eux, à l'opposé, extraordinairement favorables : en quelques mois, une véritable mutation systémique s'est mise en marche. On lui doit notamment l'élection de Barack Obama, mais on lui doit aussi la crise de plus en plus manifeste du système de pouvoir de Poutine en Russie, et surtout l'impérieuse nécessité pour la Chine de collaborer étroitement avec les Etats-Unis, aux fins de stabiliser le niveau du dollar, se couvrir contre une levée protectionniste du continent américain qui figure explicitement dans le programme initial d'Obama, et financer bon an mal an l'immense déficit américain en achetant des bons du Trésor à vil prix, et permettre ainsi l'accélération de la reprise en Amérique et dans le monde. Auparavant, par la pluie des réglementations bancaires nouvelles (dont certaines seront sûrement excessives) et la fin des paradis fiscaux les plus exhibitionnistes, les « hedge funds » et autres instruments spéculatifs (produits exotiques des banques privées notamment) s'assècheront d'eux-mêmes, surtout si la communauté internationale oblige tous ces fonds de placement à fonctionner depuis Londres, New York, Paris ou Francfort, en payant des impôts nouveaux sur leurs activités.

Plus généralement, on peut être sûr que le rapport de force économique et politique mondial est en train de s'inverser :

1) de la finance vers l'industrie, fût-elle engrenée sur une finance assainie, triomphe de Warren Buffett et de ses thèses manufacturières aux Etats-Unis, etc. ;

2) des marchés vers l'Etat dont le rôle ne peut que s'accroître, sans pour autant redevenir celui des années 1950 : General Motors et Chrysler, fusionnés et nationalisés de facto, ne deviendront pas nécessairement le Volkswagen ou la Régie Renault de l'« obamisme ». Mais la réhabilitation spectaculaire des entrepreneurs sera, elle, définitive et les conduira peu à peu à jouer un rôle central pour la levée des fonds de financement de l'économie, sans parler de la politique. L'Etat y sera très associé. C'est un nouveau paradigme politique ;

3) des petits Etats vers de grands ensembles géopolitiques : confrontée à la plus grave crise financière de son histoire bien récente, l'Europe unie, même encore imparfaitement, s'est mise en ordre de bataille, en consolidant le rôle de l'euro, et en coordonnant pour la première fois ses

politiques de relance, même si l'Allemagne traîne encore les pieds. Au même moment, les leaders de la Chine, du Japon et de la Corée tombaient d'accord pour coordonner leurs interventions monétaires, et créer une interconnexion souple de leurs banques centrales respectives.

Glissons rapidement sur l'extinction des golden boys, leur cynisme stérile, leurs distractions idiotes, leur interventionnisme ignare dans le marché de l'art, et leur propension à la retraite anticipée, qui encourage dans les niveaux inférieurs de la chaîne productive l'appétence pour les préretraites et les 35 heures. Bref, il n'y a rien que de bon, dans ce processus généralisé d'extinction des rentiers (gérants du système financier et détenteurs d'hydrocarbures) et de relance du profit industriel et plus généralement entrepreneurial, y compris sur les plans éthique et culturel, bien sûr.

Mais ici s'ouvre le grand mystère de ce début d'année 2009. Comment quitter un état B, que nous ne connaissons que trop bien : le triomphe de l'argent facile, détourné de son utilité sociale réelle, en provoquant une mauvaise allocation continue des ressources, des bulles financières ainsi que des spéculations dommageables au bien commun, dont plus personne ne veut, non plus, malgré les incontestables services que le modèle américano-financier a pu rendre en ce début de siècle. Et comment passer incontinent à un état A, où un capitalisme repris en main par les Etats, de fortes unités régionales, une redistribution sociale plus juste, établiront une croissance qualitativement meilleure, plus stable, plus facile aussi à recentrer sur des objectifs à long terme, comme la lutte contre le changement climatique trop rapide ?

En somme, entre un passé dont nous ne voulons plus à l'échelle planétaire, et un avenir qui présente de réelles perspectives de rétablissement économique et humain, comment franchir la distance que représente la crise ? En 1929, ce fut, on le sait, par la contraction mercantiliste, le primat des politiques économiques autocentrées et pour finir la guerre. Les instruments de lutte contre l'asthénie déflationniste sont certes aujourd'hui incomparables, de même qu'est incomparable l'enracinement démocratique croissant de la planète, et son refus généralisé des aventures militaires. Mais ceci ne saurait nous rassurer complètement.

Reste la mise en œuvre : celle-ci se heurtera à de grandes disparités régionales, qui forment l'un des obstacles majeurs à toute stratégie de sortie de crise. Il faut à présent les examiner.

La question primordiale, c'est le degré de solidité de la relation devenue essentielle, Chine-Etats-Unis, véritable architrave de notre monde, comme l'était au temps de la guerre froide la relation Union soviétique - Etats-Unis. Mais à la différence du rapport Moscou-Washington, dominé par l'ambition politico-stratégique réciproque où prévalait la rivalité sur la coopération, le rapport Pékin-Washington est d'abord caractérisé par la coopération, essentiellement économique, mais aussi politique, qui l'emporte encore sur les éléments de rivalité. (Toutefois l'affrontement soviéto-américain demeurait verrouillé par une dissuasion nucléaire réciproque, là où, à sa différence, une possible guerre américano-chinoise demeure concevable sans usage de l'arme nucléaire, à Taïwan ou sur les frontières de l'Inde par exemple.)

Toujours est-il que le moteur de la croissance mondialisée est bien là, au moins depuis 1995 : l'hyper-croissance chinoise (+ 10 % en moyenne décennale) a été nourrie par un progrès spectaculaire de ses exportations, dont plus de la moitié ont toujours été absorbées par le marché commun nord-américain (Alena). Pour maintenir au même niveau ce flux d'exportations, la Banque centrale de Chine a imité la pratique constante des autorités monétaires japonaises depuis 1960, consistant à acheter des bons du Trésor américains, pour compenser le déséquilibre de la balance des comptes Amérique-Chine, et ralentir l'appréciation naturelle de sa monnaie. Bien qu'accélérant dangereusement le flux des importations en Amérique du Nord au détriment de leur industrie nationale, les autorités américaines ont trouvé un avantage immédiat à cette relation, pourtant biaisée : celle-ci leur permettait de vaincre sans péril l'inflation, par la baisse des prix, et de maintenir ainsi des taux d'intérêt très bas, tout en se permettant des déficits publics gigantesques, du moins en termes quantitatifs (la proportion des déficits en rapport au PIB demeurant comparable aux pratiques européennes). Ainsi l'alliance sino-américaine a-t-elle reposé sur une grande vertu et de grands excès. Vertu chinoise, en tout cas, que de donner la primauté au développement économique sur le déploiement de la puissance stratégique et militaire, mais excès économiques considérables, dans les deux sens : une croissance peu soutenable en Chine, sans la drogue dure de l'exportation à tout prix, qui différait les réformes pourtant indispensables du marché intérieur; un endettement aggravé par le refus idéologique de l'impôt, aux Etats-Unis, là aussi au détriment d'une politique de réindustrialisation qui aurait amoindri les inégalités économiques croissantes d'une économie de services mal rémunérée. Bref, les péchés combinés des « deux grands » ont entraîné de graves déséquilibres, d'abord économiques et aujourd'hui politiques : la stagnation des revenus salariaux en Amérique depuis 2000 environ a amené Obama, le dopage de la croissance externe en Chine est en train d'y provoquer un vaste contrecoup revendicatif qui affaiblit la crédibilité du gouvernement. Dans l'idéal, il aurait mieux valu que la Chine laisse sa monnaie s'apprécier et stimule en priorité le marché intérieur, en débloquant l'excès d'épargne des entreprises comme des particuliers. Il aurait mieux valu aussi que les Etats-Unis laissent monter leur taux de base afin d'éviter une nouvelle formation de bulle – ici immobilière – et par ailleurs, nous l'avons déjà formulé plus haut, financent leur effort de guerre par l'impôt et la renaissance d'un patriotisme véritable, au-dessus des partis. Mais la réalité s'est un peu moquée de cette économie platonicienne. Or, toujours le même paradoxe : une stratégie réaliste de sortie de crise implique que l'on prolonge au moins un ou deux ans encore les intempérances actuelles, afin de laisser le temps à la Chine de mettre en œuvre sa stratégie de relance par le marché intérieur (deux ou trois ans au minimum de réadaptation) et de permettre, à l'opposé, à l'Amérique de démarrer sa reprise sans perdre une seconde.

Nous aurons donc une Banque centrale de Chine qui devrait acheter des bons du Trésor américains à un taux très bas pour financer un déficit budgétaire « keynésien » aux Etats-Unis sans précédent, et une Amérique qui acceptera une stagnation du yuan à son niveau non moins excessivement bas, le temps que les excédents commerciaux chinois encore substantiels soient réinvestis dans la consommation populaire – notamment la santé, l'éducation et le logement.

Si Pékin et Washington parviennent à s'entendre sur ce programme minimum, en acceptant de corriger leurs excès passés, dès la sortie de crise en vue, l'économie mondiale pourra réémerger, par simple retour de la confiance.

Le commerce des matières premières rétablira un niveau de prix raisonnable pour les producteurs-rentiers et rétablira la solvabilité d'une bonne partie de l'Amérique latine, de l'Afrique et du Moyen-Orient.

Financés dans leurs déficits publics par l'Asie, et dopés par les aides publiques budgétaires, les Etats-Unis pourront tout à la fois pratiquer des taux d'intérêt négatifs (en dessous de l'inflation de 2 %) et stabiliser la pression fiscale. Ce « boost » artificiel continuera à attirer vers l'Amérique des capitaux du monde entier. Le dollar sera ainsi raffermi, surtout par rapport à l'euro, ce qui permettra à l'Europe de maintenir ses parts de marché dans la période de faible croissance mondiale. Ensuite, l'Amérique pourra tout naturellement et progressivement relever ses taux de base et augmenter les impôts, diminuer sa dépendance financière vis-à-vis de l'Asie, et la Chine de son côté mieux réinvestir ses gains à l'exportation, vers le mieux-être de sa population. Peut-être même Pékin et Washington pourront-ils s'entendre sur un échéancier de croissance du marché intérieur chinois (+ 10 % par an, par exemple), laquelle rendra plus attractive pour l'Asie la hausse désormais naturelle de ses monnaies. Telle est la proposition du grand éditorialiste du *Financial Times*, Martin Wolf.

L'Europe est le second point stratégique où se jouera la sortie de la crise. Aujourd'hui, elle renvoie des signes contradictoires.

D'un côté, le processus d'unité a eu tendance à se renforcer sous le choc de l'effondrement du système financier. La politique de Jean-Claude Trichet a été spectaculairement validée, à la tête de la BCE : marges importantes pour réduire les taux au moment optimal, inflation parfaitement maîtrisée, mais aussi freinage intelligent des bulles espagnole et irlandaise ont contribué à renforcer la crédibilité et la capacité de manœuvre de la Banque centrale au moment optimal. L'entrée des Scandinaves, Suédois en tête, dans la zone euro apparaît de plus en plus crédible, le succès du passage à l'euro en Slovénie et, depuis le 1er janvier 2009, en Slovaquie prélude à un changement radical des politiques monétaires eurosceptiques, de la Pologne et de la République tchèque. Même la Suisse, sauvée par la solidarité financière de ses voisins, vient de mettre un genou en terre.

En quête d'une nouvelle stratégie qui tourne le dos au « tout-financier », l'Angleterre elle-même accomplit peut-être son grand tournant vers l'Europe, non sans convulsions inévitables. Il reste que le rôle central du Premier ministre britannique, Gordon Brown, au cœur du plan de sauvetage financier de l'Europe, est une innovation considérable, et sans doute le succès de politique étrangère de Nicolas Sarkozy le plus marqué.

En face pourtant, au cœur de l'Euroland, les Européens doivent faire face à une nouvelle « exception allemande », qui menace de s'avérer plus redoutable que ne l'étaient les exceptions française et même anglo-scandinave. En choisissant pour l'instant la stabilité financière et budgétaire de l'Etat au détriment de toute relance néo-keynésienne, en misant tout sur la poursuite d'une stratégie exportatrice qui compense l'inévitable contraction du crédit et de la consommation populaire chez elle, l'Allemagne fait cavalier seul et méprise les déficits de style américain que prônent à l'unisson Anglais, Français, Latins et Slaves. Il y a là les racines d'une grande explication collective où se jouera le sort de l'Europe. Mais les surprises seront encore nombreuses : parmi celles-ci, une crise financière et économique russe beaucoup plus grave que tout ce que l'on imaginait – notamment si le prix des hydrocarbures ne se redresse pas assez vite – pourrait bien requérir une intervention collective et ciblée de tous les Européens au secours du système financier branlant de Moscou, intervention qui pourrait paradoxalement tester sa crédibilité, tout d'abord, dans une Ukraine en faillite... Encore une fois, ambiguïté de cette crise : les souffrances à présent déjà inévitables que subira la population russe peuvent aussi fonctionner comme un électrochoc salutaire pour rapprocher enfin Européens de l'Est et de l'Ouest, après quelques expériences aussi décisives qu'inutiles de confrontation stérile, dont le petit drame géorgien de 2008 restera le modèle grotesque : une souris mégalomane qui rugissait face à un dompteur de tigres adepte de la gonflette.

L'Afrique, en raison du redressement tout récent de son économie, de la faiblesse de son engagement dans le marché mondial, mais aussi du caractère durable des investissements d'infrastructure qui y apparaissent, pourrait bien se préserver pour l'essentiel, même une Afrique du Sud davantage insérée dans la mondialisation, mais où la démocratie et le pluralisme demeurent vivaces. En Amérique latine enfin, le Brésil aborde la crise avec un système bancaire bien consolidé et relativement protégé, la découverte d'un gisement pétrolier off-shore colossal (Santos) et une demande consolidée de produits agricoles, de carburants mixtes et de minerais, qui stabilisera durablement son exposition au marché mondial. Cette marche en avant du Brésil crée paradoxalement un début d'agacement périphérique chez des régimes populistes de gauche (Paraguay, Bolivie, Equateur) qui se voient tomber inexorablement dans l'orbite de leur grand voisin.

Pour l'essentiel néanmoins, le Brésil apparaît comme le partenaire méridional incontournable d'une Amérique réformatrice et métissée. Encore une conséquence de la crise qui ne fait qu'accélérer une tendance lourde de l'histoire de l'hémisphère occidental.

On comprend de ce rapide tour d'horizon combien le Moyen-Orient fait exception par sa volatilité, dans notre vaste monde, en pleine restructuration démocratique, qui a commencé par l'élection d'Obama à Washington, continué par le triomphe de l'euro et du parti européen à Bruxelles, s'est poursuivie par l'affaiblissement du nationalisme autoritaire de Poutine à Moscou, prolongée par l'ouverture du marché intérieur chinois et la subite réconciliation de Pékin avec Tokyo, et conclue dans un grand carnaval festif par le triomphe de Lula, prince des OGM, tsar des biocarburants, empereur des défrichements amazoniens et grand prêtre de la stabilité monétaire et budgétaire, comme un gigantesque pied de nez aux dévots de Porto Alegre – ce lieu de coagulation occidental de nos mollahs du développement durable. Au Moyen-Orient en revanche pas de carnaval, ni de nouvelle sobriété. On ne rit pas.

Dans les années 1945-1955, le Moyen-Orient au contraire semblait épargné par la polarisation : ni Washington ni Moscou ne différaient de diagnostic quant à la liquidation définitive et souhaitable des impérialismes français et anglais (Afrique du Nord, canal de Suez, pétrole d'Iran). A l'inverse, Washington et Moscou, qui s'affrontaient pourtant à Berlin, en Grèce et bientôt, plus indirectement, en Asie, avaient convergé en 1947-48 pour apporter leur soutien à la naissance d'un Etat d'Israël en Palestine, tout en courtisant les uns et les autres, Nasser, ou encore les généraux turcs en 1960, et même, côté soviétique, le Chah d'Iran dans les années 1960. Le système de gravitation au Moyen-Orient semblait ainsi assez différent de celui du reste de la planète.

Puis le changement de décor est aussi rapide que spectaculaire. Malgré les sympathies américaines qu'il avait initialement suscitées, Nasser, après moult hésitations, choisit le camp de l'Union soviétique, et demeure, malgré plusieurs échecs, jusqu'en 1967, le point de référence du nationalisme de gauche arabe. L'Amérique s'efforce alors d'endiguer l'expansion soviétique dans la région en regroupant d'un côté un pôle moderniste comprenant Israël, la Turquie, l'Iran impérial, le Maroc et la Tunisie, et de l'autre un pôle traditionnaliste appuyé sur la montée en puissance du royaume saoudien, protecteur tout à la fois du Liban oligarchique, des micro-Etats pétroliers du Golfe persique, des Frères musulmans pourchassés par Nasser, et de l'armée pakistanaise. Ce dispositif put non seulement endiguer l'axe Moscou-Le Caire, mais seul cas alors dans le monde, commencer le « roll back » véritable de l'influence soviétique, grâce à Sadate en Egypte. Ce « roll back » pourra même s'étendre un peu à l'Irak, lorsque les baasistes de droite au pouvoir eurent organisé la rupture avec leurs homologues de gauche syriens, et décidé de prendre leurs distances avec Moscou pour se rapprocher de l'Occident, à travers la médiation de la France pompidolienne, puis giscardienne. Dans cette période, la force militaire d'Israël devient un élément d'arrière-plan important de ce « roll back » soviétique.

Une troisième période de confusion s'instaure de nouveau après la guerre du Kippour de 1973, que les Arabes vivent comme une semi-défaite israélienne, et le premier choc pétrolier, qui la suit sur ses talons, lequel apparaît, lui, comme une victoire profonde. Dès lors, ni l'Arabie Saoudite ni l'Iran ne sont plus de véritables alliés des Etats-Unis dont ils retardent en toute indifférence la sortie de crise, et deux affrontements, d'ampleur inégale, mais tous deux sanglants et épuisants, éclatent au Liban et au Sahara occidental : ils sont pour partie provoqués par l'effet de souffle que représente, dans le camp progressiste, la chute du nassérisme en Egypte, qui aboutira un temps à une véritable alliance israélo-égyptienne. Cette nouvelle situation pousse aussi l'Algérie, la Syrie, l'OLP installée dans son alliance avec la gauche libanaise, à passer à l'offensive pour effacer la catastrophe égyptienne (Kadhafi, de son côté, se choisit plus modestement le Tchad).

On sort de cette période si troublée par l'arrivée

du XVe siècle de l'Hégire, et l'installation générale d'une hégémonie politique et intellectuelle de l'islamisme : révolution iranienne, fragilisation de la monarchie saoudienne avec la prise d'otages de la Kaaba de La Mecque et invasion soviétique de l'Afghanistan qui met un terme à la grande alliance de Moscou et du monde musulman, le tout, il faut le rappeler, dans les trois derniers mois de 1979. Une sérieuse rupture de l'ordre précédent.

Trente ans plus tard, la page est en train d'être tournée : d'abord interviennent l'affrontement massif sunnites/chiites autour de la guerre du Golfe Irak-Iran de 1980-88, puis la paix américaine 1989-2000. Cette dernière est marquée par les accords israélo-palestiniens d'Oslo et le retour d'Arafat sur sa terre natale, le « containment » sans destruction de Saddam Hussein en Irak et la lente démocratisation de l'Iran grâce au début de « Thermidor » instauré par Rafsandjani dès 1990, ainsi que, à l'ouest, par la sanglante guerre civile algérienne. Ce moment s'achève à son tour sur la faillite catastrophique du processus de paix israélo-arabe et la nouvelle Intifada dite « des mosquées », en l'an 2000.

Le 11 septembre 2001, al-Qaïda confirme son hégémonie sur toutes les forces intégristes des sociétés musulmanes. Outre l'immense popularité de leur attaque destructrice sur les Etats-Unis, les jihadistes ont aussi assuré la cassure en deux du corps politique iranien et entraîné déjà un an plus tôt, grâce à la stratégie d'Arafat puissamment épaulée par Saddam Hussein, la mise en faillite d'une gauche israélienne qui avait imprudemment misé tous ses avoirs sur le processus d'Oslo.

Nous commençons seulement à quitter cette période depuis septembre 2008, et assurément la grande crise mondiale n'y est pas pour rien. Observons que nous avons été les témoins, comme dans un vaste zoom cinématographique, d'un déplacement de plus en plus spectaculaire du Moyen-Orient vers le centre névralgique de la planète. En 1947, Etats-Unis et Union soviétique avaient la même vision indulgente et assez indifférente, somme toute, de la région. Ni Ibn Saoud à l'ouest ni Mossadegh à l'est ne suscitaient de véritables enthousiasmes, et le petit Israël de Ben Gourion n'était guère pris au sérieux. Vingt ans plus tard, la guerre froide, qui avait fini par redistribuer toutes les cartes régionales, commençait à devenir dangereusement chaude. En 1973, la première alerte rouge nucléaire aux Etats-Unis dirigée contre la tentation d'une entrée de l'Union soviétique dans le conflit armé, la menace d'emploi par Israël de son arme atomique propre, ainsi que l'impact mondial du choc pétrolier, plaçaient pour la première fois toute la région sur le devant de la scène mondiale, mais tout de même encore, en concurrence avec l'immense mutation qui s'opérait en Asie. En 1979 enfin, la série des crises en engrenage (Khomeyni au pouvoir, La

Mecque ébranlée, le second choc pétrolier, l'Afghanistan envahi, l'Irak tournant ses armes contre l'Iran dès 1980, Sadate assassiné, et Israël intervenant au Liban en 1982) ouvrait la porte à une insurrection islamiste diffuse, dont le monde entier percevait l'influence capitale, et que Moscou et Washington, pour leur mutuel embarras ultérieur, s'obstinaient à courtiser dans de vaines opérations tactiques dénuées d'intelligence. Les opérations de la CIA en Afghanistan ou contre l'Algérie des généraux en faveur du FIS ne valaient pas mieux que les complaisances de l'aile terroriste du KGB pour Kadhafi, Carlos, le FPLP et consorts. En cette fin de guerre froide, chaque camp, dans son immense bêtise, attisait les braises d'une guerre nouvelle, cette fois-ci dirigée contre les deux Satan, Washington et Moscou, comme l'avait encore ouvertement espéré Khomeyni en 1979.

Aujourd'hui, tout, littéralement tout, dépend du Moyen-Orient. Celui-ci se tranquillise-t-il quelque peu, et la mondialisation repart comme reprennent les bénéfices immédiats de cette mondialisation en matière de richesses distribuées comme de démocratie conquise. Si, au contraire, tout bascule en Orient, c'est la planète qui se fissure en blocs potentiellement antagonistes.

Il suffit en effet qu'un accident « exogène », le bombardement unilatéral par Israël des centres nucléaires iraniens par exemple, aboutisse à un blocage des flux pétroliers du Golfe persique, ou que le déclenchement d'un coup d'Etat intégriste au cœur de la famille saoudienne vienne bouleverser la région, et saute ainsi le dernier verrou à l'amplification de la crise que représente encore la baisse spectaculaire des prix des matières premières et sa conséquence imparable, l'absence d'inflation mondiale qui permet de maintenir à zéro les taux de base des pays industrialisés. Inversement, le passage en force, sans négociation ni consensus quelconque, d'un Iran revenu à son intégrisme de 1979, et allié tacite du centre jihadiste d'al-Qaïda, ouvrirait immanquablement la perspective d'une véritable métastase nucléaire vers l'Egypte, l'Arabie Saoudite, et peut-être la Turquie. Et bien vite aussi de la guerre, nourrie préalablement par les effets locaux de la crise. Cette fois-ci, le centre du monde est revenu quelque part entre Jérusalem et Nadjaf, Qôm et La Mecque, mais dans la crainte et la souffrance et non la réconciliation et l'émulation constructive. Hegel n'a jamais cessé de le proclamer, oui, il y a progrès, l'histoire avance, mais d'abord par ses mauvais côtés, son potentiel de négativité.

Mais, dira le lecteur impatienté et angoissé à juste titre, peut-on au moins pronostiquer quelque chose de ce monde en ébullition, placé lui-même au cœur d'une planète elle-même tourmentée sur le plan naturel par ses divers excès ?

Plutôt que d'esquisser une réponse, elle-même

dérisoire, je préférerais évoquer pour finir cette traversée de l'espace-temps et invoquer deux figures, deux intellectuels qui se sont jetés dans l'action, deux Arabes aussi, un Egyptien et un Irakien, et dont les stratégies mûrement pesées s'affronteront jusqu'au bout : il s'agit ici, tout simplement, d'Ayman Zawahiri, numéro deux officiel d'al-Qaïda, et d'Ahmed Chalabi, l'ami musulman chiite des néo-conservateurs juifs des Etats-Unis et le véritable stratège de la guerre d'Irak. L'un et l'autre naissent au cœur de l'élite arabe occidentalisée, Zawahiri au Caire, Chalabi à Bagdad, l'un et l'autre connaissent l'épreuve de la persécution, Zawahiri, de l'Etat égyptien nassérien et post-nassérien, Chalabi des baasistes irakiens d'abord, mais bientôt aussi de ses grands alliés conservateurs sunnites en Jordanie, qui n'attentent évidemment pas, eux, à sa vie, à la différence des premiers, mais mettent tout de même sa banque en faillite, parce qu'ils redoutent les retombées de son radicalisme antibaasiste.

Par leur grande culture et leur intense réflexion, ces deux hommes ont dessiné parfaitement deux modèles entièrement alternatifs de l'évolution historique de leur région. Zawahiri a été bouleversé par la grande figure de Khomeyni, bien que petit-fils d'un cheikh d'al-Azhar (d'un doyen de la faculté de théologie du Caire), bien que la pureté de son sunnisme salafiste soit choquée par le bringuebalement, superstitieux à ses yeux, de toute cette métaphysique chiite. Mais, pense-t-il in petto, cette agitation cache mal l'évolution incontestable de la jeune génération intégriste iranienne vers une sorte de synthèse qui va dans le bon sens : celui d'al-Azhar. Par exemple, dès la fin du règne du Chah, les Montazeri, Behechti et Yazdi voulaient en finir avec le pluralisme des écoles et l'autonomie des clercs, des mojtahed, pour instaurer un « al-Azhar » iranien qui aurait autorité sur tous les fidèles. Bahonar, lui, voulait l'entente stratégique avec les Frères musulmans du Caire, prélude à un enterrement définitif de la « fitna », de la grande querelle entre sunnites et chiites, elle-même condition nécessaire à l'instauration du Califat de la fin des temps, celui du Mahdi, qui détruira Israël et humiliera définitivement les ennemis de l'Islam, Européens, Russes, Indiens ou Chinois, et les Américains bien entendu, grâce notamment à la conversion massive des Afro-Américains et des Latino-Américains à l'appel du Prophète.

Laissons la parole à cet homme – fictivement bien sûr, c'est moi qui parle :

« Il aura fallu le triomphe du 11 septembre, voulu par Dieu seul, pour arrêter net tous les obstacles jusqu'alors dirimants placés sur la route du jihad universel : le choc émotionnel que nous avons provoqué pour réveiller les croyants a interrompu toute la souillure des négociations israélo-palestiniennes pour longtemps, permis l'émergence d'un Hamas allié à un certain Iran, lequel Hamas réveille la léthargie réformiste des Frères musulmans égyptiens et empêche toutes les trahisons de l'Autorité palestinienne. Le 11 septembre a aussi bouleversé définitivement l'armée pakistanaise, au sein de laquelle émergent à présent de nouveaux officiers, prêts à rejoindre les combattants du Cachemire, à défier l'Inde païenne dans ses œuvres vives, à susciter la reconquête talibane en Afghanistan, à présent irriguée financièrement par le plus grand trafic d'héroïne de la terre (que l'on réprimera peu à peu à l'issue de la victoire, mais pas immédiatement). Le retour en grâce d'AQ Khan et de ses amis scientifiques sympathisants d'al-Qaïda à Islamabad présente la perspective d'une mise à la disposition finale de la bombe pakistanaise à une Arabie Saoudite régénérée. Pas celle d'Abdallah évidemment, qui est à présent bien vieux, mais de ses successeurs et de tous ces roitelets de la famille Saoud qu'al-Qaïda a constamment ménagés, dans l'espoir de ces jours meilleurs qui sont maintenant à notre portée. Les derniers fier-à-bras laïques ont dû se coucher ignominieusement, Kadhafi et son fils, qui flirte avec une putain sioniste, sont terrorisés par l'émergence d'une véritable insurrection islamique qui couve en Cyrénaïque, Saddam s'est effondré, sa bêtise stratégique vouée à la défaite contrastant singulièrement avec la fécondité de l'approche d'al-Qaïda, dans tous les conflits avec l'Amérique.

Même cet hypocrite qu'est le Premier ministre turc Erdögan a été contraint, certes pour la frime, de se lever contre les exactions sionistes à Gaza, lui qui, comme tous ses confrères turcs, n'est pourtant qu'un pseudo-soufi rallié par sa confrérie à la franc-maçonnerie mondiale et au grand complot juif universel. Mais si l'Irak, en raison surtout des exactions stupides ou plutôt payées par les services secrets saoudiens, commises par ce triste voyou de Zarkaoui, est en train, en ce moment même, de devenir le plus sérieux revers de l'Islam combattant, sans doute Dieu voulait-il la gravité de la situation présente à Bagdad, pour réveiller avant qu'il ne soit trop tard l'instinct révolutionnaire des meilleurs clercs iraniens et des pasdarans. L'arrivée d'Ahmadinedjad par la voie électorale, en 2005, a changé toute la donne. Nos cadres en résidence à Yazd, dont le chef de nos opérations spéciales Saïf el-Adl, se sont portés volontaires pour combattre avec le Hezbollah libanais en 2006, aux côtés du bon Iran, et face aux trahisons répétées des païens alaouites syriens qui n'ont pas hésité à assassiner en 2008 le meilleur des chiites libanais, Imad Mugnieh, le chef militaire véritable du Hezbollah, qui avait combattu auparavant avec les meilleurs des Palestiniens. Nos amis du Liban sont déjà en action pour entraîner le Hezbollah dans le jihad contre

Israël, malgré les trahisons et les hésitations des soi-disant “pragmatiques” de Téhéran. Ce sont, eux, nos hommes, infiltrés le long de la frontière israélo-libanaise, qui ont tiré quelques roquettes sur l’entité sioniste quand ce lâche de Nasrallah, qui se veut leur chef, se récriait qu’il n’y était pour rien. Mais une fois réélu, Ahmadinedjad reprendra en main le Hezbollah, et dans son refus de rien céder aux Américains, sera obligé de purger dans le sang tous les “hypocrites” iraniens, libanais et irakiens, comme l’imam Khomeyni avait su le faire au début de la guerre avec l’Irak, en 1981-83. Dès qu’une première explosion nucléaire aura été réalisée par Téhéran, sur le modèle déclaratoire choisi par le Pakistan en 1998, nous aurons enfin gagné et al-Qaïda pourra tranquillement se dissoudre dans un mouvement plus vaste, celui d’un véritable islam en insurrection victorieuse en Libye, au Soudan, en Egypte, en Palestine, au Liban, en Afghanistan, au Pakistan, et bien vite en Iran lui-même, et par là en Irak et en Syrie. C’est alors que se lèvera celui qu’un certain folklore populaire a désigné comme le Mahdi et dont je crois personnellement à l’existence purement symbolique. Le Mahdi, depuis le 11 septembre 2001, n’est-ce pas tout simplement notre confrérie combattante, notre “Açabiyah”, al-Qaïda ? »

Ecoutons bien, à présent, la réponse putative

d'Ahmed Chalabi. C'est celle, évidemment, qui me convient le mieux : fils d'une grande famille aristocratique chiite de Bagdad, qui entretenait des liens commerciaux et amicaux tant avec la Turquie que l'Iran, Chalabi aura vécu dans le traumatisme la révolution nationaliste de 1958 en Irak : le Premier ministre kurde du roi hachémite Fayçal, Nouri Saïd, s'était réfugié dans le palais de ses parents. Ce dernier tenta d'en sortir déguisé en femme voilée, mais fut trahi par ses chaussures d'homme britanniques et lynché. Vivant en exil depuis lors entre Londres, Beyrouth, Amman et New York, Chalabi continue à développer les affaires de sa famille, tout en gardant un œil sur la vie politique irakienne et les possibilités d'un changement de régime à Bagdad. Il est effondré par le soutien apporté par l'Occident à Saddam Hussein dans sa guerre d'agression contre l'Iran de 1980, qui est aussi un moyen d'oppression sans précédent de la majorité des Irakiens, les chiites, ses coreligionnaires. Pourtant, la longue main des services secrets de Bagdad parvient à l'atteindre en Jordanie, où l'entourage du roi Hussein consent à fermer sa banque en l'accusant faussement de fraude. Désormais, une campagne de calomnies, à laquelle la CIA se prête complaisamment, vise à lui faire subir un véritable interdit professionnel. C'est là qu'il découvre douloureusement l'équation fondamentale de la politique américaine (et française d'ailleurs), qui même après l'invasion du Koweït de 1991 s'avérera presque inchangée : il ne faut rien bouleverser en Irak, car la menace incarnée par la République islamique d'Iran est assez fondamentale pour qu'on soit trop regardant à l'endroit de la dictature de Saddam. Ayant fondé un « congrès national irakien » qui se prévaut un peu vite de milliers de sympathisants sur le terrain, Chalabi parvient tout de même à fréquenter les cercles du pouvoir de Bush père pendant les semaines lancinantes de la guerre du Koweït. Il identifie alors la puissance du lobby saoudien animé par le prince Bandar, ambassadeur du royaume à Washington, sur le président des Etats-Unis et ses collaborateurs les plus pragmatiques, qui sont aussi, pourtant, les plus proarabes, Baker et Scowcroft notamment, respectivement à la tête du département d'Etat et du Conseil national de sécurité.

D'où la découverte de son premier théorème : le seul groupe humain qui, aux Etats-Unis, est réellement intéressé au renversement de Saddam, ce sont les juifs de droite, néo-conservateurs. La gauche américaine, déjà foncièrement pacifiste, ne peut ni ne veut rien faire, le conservatisme traditionnel est hostile à l'Iran et complaisant envers l'Arabie Saoudite, pour laquelle l'Iran demeure l'ennemi, quoi qu'il y arrive. Mais les juifs américains, eux, au moins, continuent de se méfier de Saddam Hussein davantage que d'un Iran où l'arrivée de Rafsandjani a brouillé potentiellement les cartes avec Israël. Désormais, Chalabi aura séduit ses interlocuteurs néo-conservateurs, surtout Richard Perle et Paul Wolfowitz, les convertissant au « regime change », au renversement de régime, en Irak, et leur faisant miroiter pour les allécher une possible reconnaissance diplomatique de l'Etat hébreu par le gouvernement de Bagdad.

Lorsque, en 1997, éclate à Téhéran le coup de tonnerre de l'élection du progressiste Khatami à la présidence de la République, Chalabi ne perd pas une minute pour entrer en contact avec les nouveaux dirigeants iraniens par l'entremise des familles de riches notables chiites de Bahreïn ou de Dubaï, avec lesquels sa famille a toujours été constamment en relation. Bientôt, il entretiendra de bons rapports avec une partie des services secrets iraniens, la Vevak, et les dirigeants les plus ouverts du pays, grâce notamment à l'ambassade d'Iran, à New York, auprès des Nations unies.

Et c'est là qu'il fournit son second théorème : la déstabilisation du régime de Saddam Hussein repose sur une mutation du regard américain envers la République islamique. Dès lors que commence un processus de réconciliation Washington-Téhéran, parallèle à une ouverture iranienne vers Israël, le préjugé envers les chiites irakiens retombe aux Etats-Unis, et l'Irak peut enfin être déstabilisé.

Chalabi ne cesse plus, dès lors, de tisser la toile

de ses intrigues, reliant de la manière la plus invraisemblable des juifs américains de droite proches du Likoud israélien, des notables chiites arabes assez conservateurs mais antisaoudiens, des progressistes iraniens intéressés par l'ouverture à l'Occident, des dirigeants des pasdarans et de la Vevak, qui ne veulent en aucun cas d'une réconciliation quelconque de leur pays avec Saddam, et des ayatollahs irakiens en exil à Londres, à mi-chemin entre Qôm et l'Intelligence Service.

Lorsque, en 1998, Khatami commence à donner des gages sérieux de sa bonne volonté en tous domaines (notamment l'acquittement au finish d'une famille juive accusée d'espionnage pour Israël, à Ispahan), et que symétriquement Saddam Hussein entreprend de sortir des inspections de l'Unscom, bravant une fois de plus l'Amérique, la CIA (de Clinton comme de George Bush) est prête à l'entendre. Il attribuera à l'activité de son fantomatique « congrès irakien » des informations très sérieuses sur les programmes saddamistes, nucléaire, bactériologique et chimique, instillant chez ses interlocuteurs, souvent assez ignares, l'idée que le régime peut être terrassé militairement à moindre prix.

Bien sûr, les informations les plus fondées proviennent des services iraniens, qui fournissent, par l'intermédiaire de Chalabi, aux Américains, avec bien entendu un peu de désinformation, des éléments de réflexion néanmoins essentiels et précis pour la compréhension de l'Irak en crise. En partant, Clinton laisse derrière lui George Tenet à la CIA, que Bush junior conservera à ses côtés, et des plans d'opérations envisageant une invasion de l'Irak, inspirés des idées de Chalabi. Après le 11 septembre, les choses seront enfin mûres.

Laissons (fictivement, là encore) la parole à Ahmed Chalabi : « Nous sommes à la veille de changements fondamentaux, de caractère messianique, dans notre région. Quelle est la grandeur du chiisme ? Celle d'avoir entretenu dès le premier âge de l'islam, le califat classique, une distance critique d'avec le pouvoir politique, la brutalité nue et cynique des Omeyyades, comme d'avec la dissimulation hypocrite des Abbassides, qui eux non plus ne voulaient pas d'un pouvoir spirituel, antiautoritaire, et de surcroît dynastique et authentique pour la maison d'Ali, d'Hassan et de Hussein, qui leur avait fait face. De là le martyre de nos douze imams, et leur échec final, de là aussi le fanatisme inutile et désespéré de nos cousins ismaéliens – ces derniers héritiers des Fatimides, et de leur chef le "Vieux de la montagne". Aujourd'hui évidemment, mes relations avec son descendant direct, l'Aga Khan, sont bien meilleures. Et un nouveau bloc chiite nous réconciliera avec tous les partisans d'Ali, de l'Albanie au Bengale, de Konya en Anatolie à Lucknow dans la vallée du Gange.

L'histoire a failli prendre un raccourci, lorsque le fils du grand Saladin, le libérateur de Jérusalem, a failli, à Alep, se convertir au chiisme duodécimain sous l'influence de notre grand philosophe, le Persan Sorawardi. Mais Sorawardi fut exécuté par Saladin, et sa dynastie demeura d'un sunnisme détaché, mais orthodoxe. Une autre chance fut perdue lorsque la dynastie turque des Safavides se fut emparée de l'Irak et de tout le plateau iranien. Bons chiites, mais un peu brutaux et sommaires comme le sont souvent les guerriers turcs, les Safavides commirent l'erreur d'imposer notre culte par la force, en anéantissant les résistances sunnites en Iran même (à Qôm par exemple) et en provoquant leurs cousins ottomans à l'ouest jusqu'à les pousser à la guerre. On connaît la suite : la défaite ignominieuse, et le passage de Bagdad, ainsi que de nos deux villes saintes de Nadjaf et Karbala, du cœur même du pays chiite irakien, qui est le véritable berceau de notre foi, entre les mains des Ottomans prétendument sunnites. Ces derniers, très tièdes, ne nous ont d'ailleurs jamais persécutés, pas davantage que nos avant-gardes du Liban ou de la côte du Golfe persique (ce sont déjà les Wahhabites à la vérité qui osèrent le faire dès la fin du XVIIIe siècle). Il n'empêche qu'enfermée dans sa forteresse turco-iranienne désormais concentrée sur l'édification d'un simple Etat impérial, notre foi chiite s'étiole dans l'empire iranien où battait pourtant le cœur intellectuel et spirituel de la maison d'Ali, tandis que les janissaires, à Istanbul ou en Albanie, inventaient une sorte de crypto-chiisme initiatique et clandestin, qui finira pourtant par produire la laïcité jeune-turque, d'où provient toute notre modernité orientale, et même Enver Hodja hélas. Quoi qu'il en soit, la barbarie de Saddam Hussein nous a permis, pour la première fois depuis notre défaite de Tchaldiran en 1521, de voir Nadjaf et Karbala, la mosquée d'or de Samarra et la plupart de nos écoles de pensée revenir en des mains chiites irakiennes, fermes et résolues. Peu importe qu'initialement ces mains soient encore un peu naïves, trop étroitement conditionnées par Téhéran, avec les brigades Badr des frères Hakim qui forment le noyau de la nouvelle armée irakienne, ou la police nationale de Nuri Maliki, totalement infiltrée par la Vevak iranienne. J'ai été vite marginalisé à Bagdad, après la chute du gouvernement très laïque de Iyad Alaoui, qui avait véritablement mes préférences. Plus grave, j'ai été tout comme mes amis juifs américains victime d'un complot ramifié de l'aile traditionnelle de la CIA, alliée une fois n'est pas coutume au FBI, et à l'entourage de Bush senior bien sûr, qui entendait reprendre en main Bush junior et y parvint effectivement pendant les quinze derniers mois de sa présidence. On accusa aussi explicitement mes amis Douglas Feith au Pentagone, et implicitement Paul Wolfowitz, d'être des agents sionistes sans loyauté pour leur pays. On chercha à atteindre Richard Perle à travers le financier canadien Conrad Black, son ami, et on finit par monter un scandale définitif contre Wolfowitz à la Banque mondiale où il protégeait un peu trop la carrière de sa maîtresse, ô providence, chiite et iranienne. Il y a ainsi des symboles mystérieux qui apparaissent en histoire. Quant à moi, je fus perquisitionné par le FBI et accusé d'être un agent iranien pour des contacts que j'entretenais avec Téhéran, au vu et au su de la CIA depuis 1998. Toujours la longue main des wahhabites. Qu'importe : ce complot saoudo-américain a fini par faire long feu, Obama ne donne aucun signe de vouloir le faire repartir, lui qui déteste l'intégrisme du royaume des lieux saints. La mèche que j'ai allumée à Bagdad sera la plus forte, la plus durable.

Car en Irak aujourd'hui, on vote, on débat âprement au Parlement, on palabre fructueusement avec les sunnites les plus braves, ainsi qu'avec les Kurdes, on boit légalement de l'alcool, et on fornique librement, souvent avec des femmes qui portent moins généralement le foulard que dans la Turquie d'à côté. Un ayatollah parfaitement iranien, Ali Sistani, est le guide spirituel, tolérant et humaniste, de cette démocratie irakienne naissante que j'ai convaincu mes amis américains de porter à l'avènement par leur puissance militaire, encore intacte en 2003. Sous mon influence et celle de Wolfowitz, Bremer, leur second proconsul à Bagdad, a résolu de dissoudre l'armée baasiste et sunnite de Saddam, en écartant ainsi la possibilité d'une nouvelle dictature militaire de la minorité sunnite, moins irrationnelle peut-être que celle de Saddam, mais toujours intolérante sur le fond.

On me dit que j'ai induit l'Amérique en erreur en permettant aux mollahs de Téhéran de mettre la main sur l'Irak. Mais l'Irak ne se laissera pas englober de la sorte. Sistani est né à Machad, mais au sommet du chiisme irakien, il tient maintenant tête à Khamenei, en proclamant de toute son autorité que le pouvoir théocratique, la "Velayat-e-Faghi", n'a rien d'évident ni d'obligatoire pour la théologie chiite, et qu'il faut tolérer sans barguigner nos compatriotes sunnites et ne leur infliger aucune humiliation. Il a préservé l'alliance américaine contre les entreprises mortifères de Moktada Sadr et de ceux qui l'encourageaient en Iran, les mêmes que l'on retrouve derrière Ahmadinedjad.

Cette force potentielle de l'Irak démocratique s'ajoute à présent au libéralisme prudent des chiites des Emirats, aux ouvertures possibles du parlementarisme libanais, et surtout aux aspirations modernistes de la société iranienne, qui n'ont pas cessé dans le même temps et permis par exemple à Qalibaf de se maintenir brillamment à la tête de la mairie de Téhéran en écrasant, pour l'instant électoralement seulement, la propre sœur d'Ahmadinedjad. En somme, la conjonction de ces forces, que j'ai tout fait, de ma part, pour susciter, va à présent se faire sentir pour de bon. Il se peut que Mezbah Yazdi et son école religieuse aventuriste et perverse finissent par imposer, en juin 2009, la réélection d'Ahmadinedjad par la violence et l'intimidation physique. Qu'importe, nous en avons vu d'autres depuis la révolution de 1958 à Bagdad. Les violents n'ont pas toujours le dernier mot. La conjonction de Bagdad et de Téhéran, laquelle repose sur celle de Nadjaf l'aînée, et de Qôm, la cadette, finira bien par prévaloir, pas seulement en théologie, et par former une grande puissance nouvelle, capable d'imposer le respect aux wahhabites par son importance énergétique, de s'attacher l'alliance de la Turquie et le concours de l'Azerbaïdjan indépendant par l'ouverture de son vaste marché, capable aussi, au terme d'un compromis négocié avec les Américains, de conserver l'essentiel de sa capacité technologique nucléaire, comme les Japonais ont su habilement y procéder, encastrés qu'ils sont entre la Chine et les Etats-Unis.

Oui, il restera les rapports de l'Iran et d'Israël. Qui nous dit que mon bloc chiite, que j'ai conçu dès l'adolescence comme contrepoids à la violence insensée des baasistes, ou ailleurs des nassériens, ou de l'OLP d'Arafat, qui vous dit, à la fin du compte, que ce bloc ne parviendra pas à s'entendre avec mes amis juifs d'Israël et d'Amérique ? Ne nous ont-ils pas bien aidés, ces

Israéliens, au tout début de notre programme nucléaire, au temps du Chah, autant en tout cas que la France de Pompidou et l'Amérique de Nixon ? Et n'avons-nous pas mission, ensemble, les juifs et les chiites, de veiller sur les derniers héritiers de la maison d'Ali, que sont nos dynasties hachémites de Jordanie et autrefois d'Irak ? Un jour, sûrement, les vrais descendants de Fatima et d'Ali, de Hassan et de Hussein les Hachémites, retrouveront la garde des lieux saints de l'islam, à La Mecque et à Médine. Ne pourrait-on pas peut-être, avec l'aide de notre maison des douze imams – Ahl al-Beït –, leur confier pour commencer notre part de Jérusalem, al-Aqsa “la distante”, et le Haram-es-Cherif, l'ombilic du monde, qui correspond bien aujourd'hui, pour la première fois depuis bien longtemps, au centre de gravité véritable de la planète ? Inch Allah. »

TABLE

Cet ouvrage a été imprimé par

CPI
Firmin Didot

Mesnil-sur-l'Estrée

pour le compte des Éditions Grasset
en avril 2009

Imprimé en France
Dépôt légal : avril 2009
N° d'édition : 15748 – N° d'impression : 95019